Zen oder die Kunst, seine Privatsphäre zu schützen

Jens Glutsch

Bibliografische Information der Deutschen Nationalbibliothek.
Die Deutsche Nationalbibliothek verzeichnet diese Publikation in der Deutschen Nationalbibliografie; detaillierte bibliografische Daten sind im Internet über http://dnb.dnb.de abrufbar.

©2017 Jens Glutsch

Herstellung und Verlag: BoD - Books on Demand, Norderstedt

ISBN: 978-3-744-83763-7

2. überarbeitete Auflage

Umschlaggestaltung, Illustration: Dominik Tuminello

Lektorat: Simona Turini

Foto: Janusch FotoDesign

Ich widme dieses Buch Johanna.

Danke, dass du mich unterstützt, mir ein Korrektiv und sowieso ganz wundervoll bist!

Inhaltsverzeichnis

1. Vorwort

von Martin Hellweg

Die Zeiten können sich schnell ändern. Der in Istanbul lebende Türke, der vor Jahren in einem recht liberalen Staat noch sorglos mit seinen politischen Freunden chattete, mag dies heute vielleicht schon sehr bereuen. Seine Online-Kontakte können ihn in diesen deutlich weniger liberalen, repressiven Zeiten in seinem Land in eine schwere Schieflage bringen. So kann der sorglose Umgang mit den eigenen Daten in Zukunft einmal schwere Konsequenzen haben. Wir sollten nicht darüber nachdenken müssen, aber Fakt ist, dass die digitale Welt nicht vergisst. Und wer weiß schon sicher, wie die politische Landschaft in unseren eigenen Breitengraden einmal aussehen wird?

Aus diesem und vielen weiteren Gründen sind Bücher wie das von Jens Glutsch so wichtig. Die Lektüre des Buches - und vielleicht ein bis zwei Tage beherzter Einsatz - bringen den Leser ein großes Stück weiter, seinen privaten Bereich auch im digitalen Zeitalter zu schützen. Jens Glutsch hat es geschafft, auf umgängliche, unterhaltsame Weise ein Thema fachlich kompetent aufzubereiten, das viele von uns so gern mögen wie zum Zahnarzt zu gehen. Man schiebt es so lange vor sich her wie möglich - bis es dann wirklich wehtut.

Als sogenannter *Virtual Bodyguard*, der Menschen hilft, die Opfer einer digitalen Attacke wurden, weiß ich, dass ein digitaler Fauxpas einen ganzen Lebensentwurf zerstören kann. Gute Prävention, wie sie mit dem Buch von Jens Glutsch möglich ist, kann großes Leid verhindern. Und es geht nicht nur darum, das eigene Leid abzuwenden. Wir tragen auch eine Verantwortung für unsere Familie, für Freunde, die uns etwas anvertrauen, sowie für das Unternehmen, für das wir arbeiten.

Es wird, da bin ich sicher, einmal eine Selbstverständlichkeit sein, sich mit der Materie, die Jens Glutsch in seinem Buch aufbereitet hat, auseinanderzusetzen, bevor man sich mit Siebenmeilenstiefeln durch die digitale Welt begibt. Dazu möchte ich Sie gerne ermuntern.

2. Einleitung - Warum wir unsere Privatsphäre schützen müssen

„Zen ist nichts Aufregendes, sondern Konzentration auf unsere Verrichtungen des täglichen Lebens."
Shunryu Suzuki

Wieso ein Buch über den Schutz der Privatsphäre?

Wir leben momentan in der freisten und offensten Gesellschaft, die die menschliche Geschichte kennt. In Mitteleuropa herrschen seit nunmehr 70 Jahren Frieden und relative Sicherheit. Wir können uns frei bewegen, grundsätzlich denken, wie es uns gefällt, und unser Leben ganz allgemein so gestalten, wie es uns passt.

Also, warum ein Buch über die Bedeutung des Schutzes unserer Privatsphäre?

Nimm als Beispiel eine Gruppe junger Menschen - Digital Natives, also Leute, die im neuen Jahrtausend geboren wurden und quasi mit dem Smartphone als modernem Teddybär aufgewachsen sind - die neben mir im Zug sitzen. Positiv hervorzuheben ist, dass sie miteinander reden. Aus meiner Sicht als älterem Internet-Semester (ich habe noch aktiv Erfahrungen mit

BTX[i]-Chats gemacht) ist es ein wenig verwirrend, dass sie alle nebenbei mit ihren Smartphones hantieren. Sie posten, twittern, (snap)chatten parallel zu ihren Gesprächen mit den real Anwesenden gleichweise internet-aktiven Mitfahrern.

Nun gut, vielleicht sind sie jünger und die Ablenkungen durch konkurrierende Aufmerksamkeitsfresser belasten sie noch nicht so sehr.

Was mich an dieser Stelle jedoch wirklich verwirrt, ist die Tatsache, dass es für diese Gruppe Jugendlicher (die meiner Einschätzung nach beispielhaft für die Generation der Digital Natives stehen) vollkommen normal ist, dass sie ihre Profilfotos in den sozialen Netzwerken als Beleg ihres aktuellen Beziehungsstatus einsetzen.

Warum stört mich das so?

Ich bin ein überzeugter Befürworter davon, dass jeder sein Leben so führen darf, wie er will. Aber die Unkenntnis, was mit diesen Profilbildern und den damit verknüpften Profilen angestellt werden kann, erschreckt mich. Fotos - in diesem Fall sogar gleich die Fotos von zwei Menschen - werden auf sozialen Plattformen mittlerweile über Gesichtserkennungssoftware dazu verwendet,

---

[i]   Bildschirmtext: Ein interaktiver Onlinedienst, der Telefon und Fernsehschirm zu einem Kommunikationsmittel kombinierte und in Deutschland ab 1. September 1983 verfügbar war.

verschiedene Profile miteinander zu verbinden. Dauerhaft. Denn das Foto, mit dem sich die Digital Natives in ihren Profilen selbst darstellen und mittlerweile eben auch ihren Beziehungsstatus dokumentieren, bleibt viel länger - aktuell für immer - im Internet gespeichert, als die Beziehung währt.

Diese Leute machen etwas öffentlich, das Teil ihrer Privatsphäre ist. Was jedoch noch schwerer wiegt, ist die Tatsache, dass hier *ungefragt* eine Verknüpfung zu den Daten eines *anderen* Menschen hergestellt wird. Es sind grundlegende Persönlichkeitsrechte, die - weil es die Technik erlaubt - missachtet werden. Selbst wenn die Zustimmung aller auf dem Foto abgelichteten Personen eingeholt wurde - ich bezweifle, dass die schier unabwägbaren Implikation auf die Zukunft dieser Datenverbindung in Betracht gezogen wurden.

Neben dem freiwilligen Seelenstriptease schockiert mich auch die tiefe Unkenntnis darüber, welche Folge ihr Verhalten auf die Freiheit dieser Digital Natives hat. Wenn diese jungen und technisch hoch affinen Menschen ihr Privatleben so sehr in die Öffentlichkeit rücken, werden sie vollkommen überwachbar. Nicht nur jeder Schritt wird verfolgt und aufgezeichnet. Nein, auch der aktuelle Beziehungs- und damit Gemütszustand wird akribisch dokumentiert und ausgewertet. Neben der freiwilligen (oder durch Gruppendruck getriebenen) digitalen Selbstentblößung wird auch der Überwachung und Manipulation durch unterschiedliche Gruppen Tür und Tor geöffnet. Komisch kommt mir vor, dass Jugendliche doch normalerweise eher verschlossen und in sich gekehrt sind, anstatt ihr gesamtes Leben auf dem Präsentierteller auszubreiten. Der Digital Native scheint zumindest online gänzlich andere Verhaltensweisen zu zeigen.

Nach allen Seiten offen zu sein, bietet große Angriffsflächen für Manipulation und Steuerung von außen. Kein Szenario, das mir gut gefällt. Weder jetzt noch in meiner Zeit als Jugendlicher – ganz besonders damals nicht.

Ich glaube, das ist einer der Gründe, warum ich dieses Buch schreibe.

Mir ist zwar klar, dass die Digital Natives dieses Buch nicht auf einen Top-Ten-Platz ihrer To-Read-Liste setzen werden, aber ich glaube, dass ich Menschen damit erreiche, die näher an den ihnen dran sind als ich.

Was wir heutzutage erleben, ist eine Situation und Entwicklung ohne Präzedenz. Wir leben in einer Zeit, in der unvergleichliche Möglichkeiten von persönlicher Freiheit vorhanden sind. Gleichzeitig sind vollkommen beispiellose und unvorstellbare Möglichkeiten der Überwachung, Kontrolle und Manipulation gegeben.

Leider stelle ich immer wieder fest, dass die meisten Menschen zwar nur zu gern und bereitwillig ihre persönliche Freiheit nutzen, ihnen jedoch auf der anderen Seite überhaupt nicht bewusst ist, in welcher Weise und in welchem Umfang diese persönliche Freiheit von Geheimdiensten, Datenhändlern und Unternehmen ausgenutzt wird.

Im Fall von Datenhändlern und Internetkonzerne kann ich deren Handeln sogar verstehen. Es sind gewinnorientierte Unternehmen, und wenn sie die Möglichkeit sehen, Profit aus den freiwillig gegebenen Daten zu schlagen, wer sollte es ihnen verübeln. Es sind keine Wohlfahrtsorganisationen. Mit Schmutz handeln ist nicht verboten. Wenn ich meine Daten an Handelsorganisationen herausgebe, muss ich mich weder wundern, dass die aus dem Datengiftmüll Geld machen, noch muss ich mich wundern, wenn ich in naher oder ferner Zukunft über die schädliche Auswirkung, die meine toxischen Daten hervorgerufen haben, stolpere.

Jegliches Verständnis jedoch fehlt mir, wenn ich an die Überwachung durch Geheimdienste und Staaten denke.

Es ist ja schon gewissermaßen Teil des Spionage-Spiels, dass sich Geheimdienste gegenseitig belauern, um auf dem Laufenden zu bleiben. Aber das, was wir in unserer Zeit erleben und seit den Veröffentlichungen von Edward Snowden 2013 in aller Deutlichkeit wissen, ist ein Affront sondergleichen:

Industriespionage durch staatliche Stellen und staatlich finanzierte und unterstützte Hackergruppen, die auch nicht davor zurückschrecken zivile Einrichtungen anzugreifen. Aber die Spitze dieser Spitzelaktionen ist die Tatsache, dass die Regierungen und ihre Geheimdienste mittlerweile auch allumfassend ihre eigenen (und auch fremde) Bevölkerungen überwachen.

Als ob das noch nicht genug wäre, werden wir immer umfassender und subtiler von marktwirtschaftlich getriebenen Unternehmen getrackt, manipuliert und in Profile eingeteilt, um uns noch mehr Dinge zu verkaufen, die wir nicht brauchen und die einfach dazu dienen, dass wir noch mehr Daten über uns preisgeben, die die Datenkraken dann wiederum korrelieren und weiterverkaufen können.

Noch fataler an dieser Kombination aus Tracking, Manipulation, Überwachung und Kontrolle ist, dass die Datenlieferanten immer bereitwilliger ihre Daten zur Verfügung stellen - und dazu immer jünger werden: Selber Zug, andere Gruppe. Waren meine vorherigen Reisebegleiter zwischen 14 und 15 Jahren alt, so zählt die aktuelle Smartphone-schwingende Gruppe keine zehn.

„Get them while they're young!"

Was klingt wie der Pep-Talk eines Drogendealer-Rings, ist die Vorgehensweise der Datensammler und Smartphone-Hersteller. Vollkommen heuchlerisch klingen dann solche

Lippenbekenntnisse wie die Altersbeschränkungen von WhatsApp und Facebook: 16 bzw. 13 Jahre. Aber welche ernsthaften Bemühungen unternehmen diese Datenkraken[i], um zu prüfen, wie viele ihrer Datenlieferanten denn tatsächlich dieses Alter unterschreiten? Ich hege ernste Zweifel, dass hier etwas unternommen wird, denn es wäre ja Verschwendung von Daten, die treuen Lieferanten der Informationen nicht schon im Kindergarten abzuholen.

Jacob Appelbaum hat es in seiner Anhörung vor dem Europäischen Parlament treffend auf den Punkt gebracht:

„Was man früher Freiheit nannte, das nennen wir jetzt Privatsphäre.
Und im selben Atemzug sagen wir, die Privatsphäre sei tot.
Mit dem Verlust der Privatsphäre verlieren wir auch die Freiheit, denn wir sagen nicht mehr, was wir denken.
Es gibt den Mythos ‚passive Überwachung‘.
Aber Überwachung ist nun mal Kontrolle.“[ii]

Zu oft höre ich Ratschläge und Meinungen, die das Thema Gefährdung unserer Privatsphäre mit Angst angehen. Das halte ich

---

[i] Datenkrake: System oder Organisation, welche personenbezogene Daten in so großem Stil sammelt und auswertet, dass das mit zwei Armen kaum möglich wäre, weshalb wir ihnen acht zugestehen wollen.
[ii] Citizenfour

für den falschen Weg. Den Kopf in den Sand zu stecken bringt allerdings auch nur Leid und Ungemach, denn dadurch wird unsere Privatsphäre einfach weiter eingeschränkt, unsere Freiheit beschnitten und unsere Daten weiter gesammelt.

Daher will ich mit diesem Buch Mut machen. Mut, sich um die eigene Privatsphäre zu kümmern. Mut, auf die Politik einzuwirken. Mut, sich mit gutem Beispiel und einem frechen Grinsen im Gesicht den Mächtigen und Geldgierigen in den Weg zu stellen und zu sagen: Finger weg von meinen Daten! Finger weg von meiner Freiheit! Finger weg von meiner Privatsphäre!

Warum aber schreibe ich gleich ein ganzes Buch darüber? Kurz gesagt: Weil es das ist, was ich tun kann.

In meinen Tätigkeiten als Entwickler von Software, Projektleiter von Softwareprodukten und Berater im IT-Bereich wurde mir immer wieder vor Augen geführt, dass der Schutz der Privatsphäre und der Schutz der Daten der Anwender nur eine geringe Priorität einnahmen. Diese Anforderungen standen immer hinter Anforderungen zu Wirtschaftlichkeit und Kosteneffizienz in dritter oder vierter Reihe. Schon in meinem Studium der Informatik war mir dieser Schutz der Privatsphäre in Theorie und Praxis aber wichtiger als Bequemlichkeit und Einfachheit der Bedienung. Ich wählte Kryptografie als Vertiefungsschwerpunkt meines Studiums, um ein theoretisches Fundament für mein praktisch orientiertes

Interesse zu gewinnen. Und jetzt habe ich die berufliche Konsequenz aus meinem theoretischen und praktischen Wissen und meinem Drang, etwas Wichtiges und Richtiges für die Gesellschaft zu tun, gezogen.

Jetzt lehre ich Menschen digitale Selbstverteidigung.

Dieses Buch ist einer der grundlegenden Bausteine, auf denen meine Arbeit aufbaut. Es soll helfen, in der Gesellschaft das Bewusstsein zu schaffen, dass wir etwas tun *müssen* um unsere Privatsphäre zu schützen – und dieses Buch soll die Erkenntnis liefern, dass das auch jeder tun *kann.*

Wenn wir zuschauen, wie unsere Freiheit nach und nach eingeschränkt, unsere Privatsphäre Stück für Stück untergraben wird, dann verlieren wir alles, was unsere freie Gesellschaft, unsere Demokratie ausmacht.

Was erwartet dich nun konkret?

In Kapitel 3 gehe ich auf die große Ausrede „Ich habe doch nichts zu verbergen" ein und versuche zu erläutern, warum das ein zu kurz gegriffenes Argument ist.

Daran anschließend zeige ich in Kapitel 4 auf, was passieren kann, wenn wir unsere Privatsphäre vernachlässigen und schwächen.

Als Gegenentwurf erkläre ich im darauf folgenden Kapitel „Was habe ich davon, wenn ich meine Privatsphäre stärke?", was wir gewinnen, wenn wir unsere Privatsphäre stärken und schützen.

Anschließend stelle ich meine Idee der Permakultur für die Privatsphäre vor, der Schutz der Privatsphäre durch nachhaltiges Handeln, angelehnt an die Grundsätze der Permakultur von Bill Mollison und David Holmgren.

Im nachfolgenden Kapitel „Wie wir unsere Privatsphäre gefährden: Die sieben Todsünden" zeige ich sieben Verhaltensweisen auf, durch die wir unsere Privatsphäre gefährden und verletzen. Meines Erachtens sind diese Handlungen für unsere Privatsphäre ebenso gefährlich, wie laut den verschiedenen Religionen gewisse Taten für die Erhaltung der Seele eines Menschen als gefährlich gelten. Deshalb nenne ich diese Verhaltensweisen die *Todsünden der Privatsphäre*.

Als Kontrast zu den *Todsünden* zeige ich dann in Kapitel 8 sieben Vorgehensweisen auf, durch die wir unsere Privatsphäre schützen und stärken können. Um bei der spirituellen Nomenklatur zu bleiben, nenne ich diese Verhaltensweisen *Kardinaltugenden der Privatsphäre*.

Das abschließende Kapitel soll den Bogen zum Anfang des Buches schlagen und beantwortet zusammenfassend die Frage danach, warum ich es überhaupt schreibe.

3. Ich habe doch nichts zu verbergen

„Changes always happen best in privacy."
Stephen Fearing, Me & Mr. Blue

Ehrlich, ich fände es furchtbar, wenn ich nichts zu verbergen hätte.

Wenn ich in Gesprächen in dieser Form die Sichtweise auf meine Privatsphäre äußere, dann ernte ich zumeist verwirrtes Kopfschütteln. Was meint er damit? Meine Gesprächspartner sind der Ansicht, im Dialog mit mir zu lernen, wie sie ihre Privatsphäre schützen können und dann so was?

Ja, genau so was. Was hätte ich denn zu schützen, wenn ich alles über mich preisgebe? Auf jeden Fall keine Privatsphäre. Denn, so führt es Byung-Chul Han in seinem Essay *Transparenzgesellschaft*[i] an, wenn vollständige Transparenz herrscht, so wird ein Zustand von Vertrauen durch einen Zustand der Kontrolle ersetzt. Vertrauen bedeutet, dass wir nicht alles über alle anderen wissen. Wir gewähren mit diesem entgegengebrachten Vertrauen den anderen ihre Privatsphäre.

Wenn es also so wäre, dass wir alle vollständige Transparenz lebten, müsstest du dich, lieber Leser, nicht mit diesem Buch vergnügen. Du müsstest dich mit ganz schön wenig vergnügen. Grundsätzlich müsstest du dich gar nicht vergnügen, denn ohne

---

[i] Han, Byung-Chul, Transparenzgesellschaft, Matthes & Seitz Berlin, 2012

Privatsphäre wärest du kein Mensch. Du wärest eine - mehr oder weniger - bessere Arbeitsmaschine. Denn gerade das, was uns Vergnügen bereitet und was wir ganz für uns allein tun, macht uns aus. Was uns von einer rein zweckgebundenen Arbeitsmaschine unterscheidet, ist das, was unsere Privatsphäre ausmacht. Eine Arbeitsmaschine erfüllt ihren Zweck und sonst nichts. Sie hat keine Ideen, keine Träume, die sie in versteckten Schaltkreisen hegt. Die Arbeitsmaschine hat keine Abgründe, keine Zweifel, keine geheimen Wünsche, keine leisen Hoffnungen, keine heimlichen Fantasien.

Zumindest hättest du ein Problem weniger: Du müsstest dir keine Gedanken über den Schutz deiner Privatsphäre machen.

Weil du aber - zum Glück! - ein Mensch mit Privatsphäre bist, liest du jetzt diese Zeilen.

Und weil du ein Mensch bist und deine Zweifel hast, kommst du eben zu jener Frage: „Aber ich habe doch nix zu verbergen! Oder doch?"

Wir werden dazu gedrängt, immer mehr von uns preiszugeben. Und immer wieder kommt die fadenscheinige Begründung „Du hast doch nix zu verbergen, oder?" Schon die Frage allein suggeriert, dass es etwas Schlechtes ist, etwas zu verbergen zu haben. Nur Terroristen, Sünder, Kriminelle und andere böse Menschen haben etwas zu verbergen.

Du willst kein böser Mensch (Terrorist / Sünder) sein.

Bullshit!

Es ist etwas Gutes, es ist eine essenziell wichtige Eigenschaft unseres Menschseins, Geheimnisse zu hüten. Wenn jemand sagt „Ich habe doch nichts zu verbergen!", behauptet er zwei Dinge:

1. Er handelt seiner Überzeugung nach entsprechend den geltenden Regeln und Konformismen.

2. Er will ein leuchtendes Vorbild an Transparenz sein.

Beides sind beachtenswerte Ansichten. Nur glaube ich nicht, dass es tatsächlich so ist.

Zu Punkt 1: Ich halte es schlicht für unmöglich, dass sich ein Mensch an alle Regeln und Konformitäten halten kann, zumal diese sich oft genug widersprechen. Jedem von uns ist schon mehr oder weniger häufig ein Regelverstoß unterlaufen.

Möglicherweise hält derjenige, der meint, nichts zu verbergen zu haben, das auch gar nicht für maßgeblich, da ihm sein Regelverstoß gar nicht aufgefallen ist. Es kann auch sein, dass der Regelverstoß in die persönliche Grauzone von „ach, das ist jetzt aber nicht so schlimm" fällt und daher gar nicht als ein solcher betrachtet wird.

Meine Güte, wer kennt auch tatsächlich alle Regeln und Gesetze? Möglicherweise ein Jura-Student direkt nach dem Abschluss. Aber selbst dann trifft dies nur für die Region zu, in der er studiert hat. Nehmen wir als Beispiel der Einfachheit halber Deutschland, und gehen wir von dem Idealfall aus, dass der engagierte junge Jurist *alle* deutschen Gesetze im Wortlaut kennt. Nehmen wir weiter an, er unternimmt eine Reise in die Vereinigten Staaten. Grundsätzlich vom Rechtssystem durchaus sicherlich vergleichbar. Schon hier tun sich Abgründe in der Rechtsprechung auf und es kann durchaus vorkommen, dass der junge Jurist, geradezu eine Enzyklopädie der deutschen Gesetzeslage, unabsichtlich ein Gesetz bricht. So ist es z. B. im Staat New Jersey Männern während der Fischfang-Saison verboten, zu stricken[i]. Und schon ist es Essig mit dem „Ich habe doch nichts zu verbergen!" Jetzt hat er nämlich etwas zu verbergen; er weiß es zwar nicht, aber es ist tatsächlich so.

Das Blöde beim Fehlen der Privatsphäre ist, dass es dann keine Grauzone mehr gibt, alles ist öffentlich. Alles wird nur nach festgeschriebenen Regeln und Gesetzen bewertet, die eigene Einschätzung einer Situation hat keine Bedeutung mehr. Nun bin ich sowieso eher ein libertärer Geist und fühle mich von allzu rigiden und in meinen Augen sinnlosen Regeln oder Verboten eher herausgefordert, diese zu brechen, als mich daran zu halten, aber selbst der eher regelkonforme und obrigkeitstreue Deutsche Michel parkt doch auch mal falsch oder fährt ein bisschen zu

---

[i] http://www.sinnlose-gesetze.de/

schnell. „Ist doch noch innerhalb der Messtoleranz." Ja, aber diese Toleranz wird uns einfach genommen, wenn wir unsere Privatsphäre aufgeben. Es gibt schlicht keine persönliche Entscheidung mehr, ob ich noch innerhalb *meiner* gefühlten Messtoleranz bin, oder ob es okay ist, wenn ich auf dem Bahnsteig rauche, weil es halt gerade 4:23 Uhr ist und sonst niemand da, den ich damit belästigen könnte. Da ist halt das kurze Halten im Halteverbot ein Verstoß gegen die Gesetze. Da ist das Fußballspielen auf der Wiese verboten.

Es gibt keine persönliche Grauzone mehr, in der man sich selbst ausloten kann. Wenn kein Raum für Privatsphäre da ist, gibt es auch keinen Raum für persönliche Entscheidungen und Entwicklung. Wir brauchen Raum, in dem wir uns ausprobieren können, wo wir Fehler machen dürfen. Wandel kann nur im Geheimen geschehen.

Der freie Wille gehört ebenfalls in diesen Themenkomplex. Wenn alles über uns bekannt ist, haben wir keine Möglichkeit mehr, uns für das Richtige zu entscheiden. Wir können uns dann nicht mehr entscheiden, bei Rot über die Ampel zu gehen, weil es sofort öffentlich bekannt sein würde, dass wir ein Verbot übertreten haben. Das Wissen, dass alles öffentlich ist, was wir tun, zwingt uns dazu, uns regelkonform zu verhalten. Wir müssten uns immer an alle Regeln und Gesetze halten und hätten einfach nicht mehr die Möglichkeit, uns - und sei es nur insgeheim - abseits der erlaubten Pfade zu bewegen. Es bestünde keine Wahlfreiheit mehr für uns, uns richtig oder falsch zu verhalten. Dadurch wird regelkonformes Verhalten zum Zwang, und wenn ein Zwang als Grund für ein Verhalten vorliegt, ist es nicht mehr in sich *gut,* weil eben die Wahl, das moralisch Richtige zu tun, fehlt.

Wir müssen Regeln brechen, damit wir ein Gewissen entwickeln. Wir müssen ein eigenes Gefühl dafür ausbilden, was gut und böse, was richtig und was falsch ist. Und diese Entwicklung kann nur im Raum der Privatsphäre stattfinden. Dieser Raum ist nötig, damit wir unsere Zweifel ergründen können, ohne dass sie bekannt werden, ohne dass von außen Einfluss genommen wird.

Zu Punkt 2: Vollkommene Transparenz zu leben ist eine furchtbare Dystopie für einen Menschen. Ich denke, dass jeder Mensch, der versucht, diesen Zustand zu erreichen, zum Scheitern verurteilt ist. Niemand kann vollkommene Transparenz leben. Es ist schlicht unmöglich, weil wir einfach unsere Umwelt mit unseren Eindrücken, Ideen, Gedanken und Gefühlen überfluten würden. Wo soll denn die Grenze gezogen werden, was wir von uns preisgeben? Ein Mensch hat durchschnittlich 60.000 Gedanken pro Tag[i]. Mir wird ganz anders, wenn ich mir diese furchtbare Kakofonie vorstelle, wenn jeder Mensch alle seine Gedanken laut

---

[i] https://www.deepakchopra.com/blog/article/4701

aussprechen würde. Es ist doch jetzt schon nahezu unerträglich, wie viele mehr oder weniger hilfreiche Gedanken der Öffentlichkeit zugänglich gemacht werden. Was aber noch viel wichtiger ist, wir können einfach nicht alles von uns preisgeben, da wir sonst uns selbst preisgeben würden. Wir brauchen unsere Privatsphäre einfach dafür, um zu sein.

Die wenigsten von uns sind stark genug, um einen guten Gedanken, den sie verfolgen direkt unter Beobachtung der Öffentlichkeit zu entwickeln. Dazu braucht es den geheimen Raum der Privatsphäre. Auch die erste Ausarbeitung eines neuen Konzeptes oder die ganz persönliche Auseinandersetzung mit etwas wie einem neuen Interessensgebiet, und sei es nur die Bienenzucht, findet zunächst im eigenen stillen Kämmerlein der Privatsphäre statt. Viele Ideen und Gedanken hätten unter der kritischen Betrachtung einer Öffentlichkeit schlicht keine Chance zu entstehen.

Wir können uns nur in einem Raum entwickeln, in dem wir ganz wir selbst sein können. Wir brauchen unsere Geheimnisse, wir brauchen unsere Abgründe, die sonst niemand kennt. Kreativität entsteht nur im entspannten Raum der Privatsphäre. Nur hier können Ideen abseits der ausgetretenen Wege entstehen. Nur, wenn wir unsere eigenen Ideen verfolgen können, ohne sie mit der ganzen Welt zu teilen, werden wir kreativ. Kreativität ist ein

Prozess, der im Verborgenen stattfindet. Der Suchscheinwerfer der Öffentlichkeit verhindert, dass der Kerzenschein der Privatsphäre neue Gedanken entstehen lässt.

Damit verbunden können Innovationen, die ja ebenfalls nur weiterentwickelte kreative Ideen sind, nur im Verborgenen entstehen. Wäre alles Innovative öffentlich bekannt, dann würde nur der Einsatz der Ressourcen entscheiden, wer zuerst eine neue Idee auf den Markt bringt. Kleine Anbieter, Tüftler und Erfinder hätten keine Chance mehr, mit neuen Ideen neue Impulse zu setzen. Ohne Privatsphäre erstarren wir im Sumpf unserer immer schon gedachten öffentlichen und als korrekt deklarierten Strukturen.

Privatsphäre ist überhaupt der Raum, aus dem unsere Gesellschaft erwächst. Unsere Demokratie wäre ohne Privatsphäre ad absurdum geführt. Freie, geheime und allgemeine Wahlen wären nicht mehr möglich. Denn ohne diesen Raum, in dem wir unsere Geheimnisse hüten können, wüssten alle, wen und ob ich gewählt habe. Das wäre das Ende unserer freien Gesellschaftsform. Ohne Privatsphäre würde der Druck der dumpfen Masse unsere eigene, möglicherweise nicht massenkompatible Meinung, erdrücken.

Die Gedanken sind frei – damit wäre natürlich auch Schluss. Wir würden uns einer Selbstzensur unterwerfen, wenn wir wüssten, dass unsere Gedanken zum Allgemeingut würden. Alle unseren

Ideen, all unsere seltsamen Fantasien würden wir uns nicht mehr erlauben, wenn wir wüssten, dass alles von allen wahrgenommen wird. Wir würden uns nur noch massenkompatible Gedanken erlauben. Wir würden nicht mehr abseits der Norm denken. Schließlich würden wir unsere Gefühle unterdrücken. Wir würden nur noch handeln wie Maschinen, die funktionieren und ihren Zweck erfüllen, aber nicht leben.

Ein Ende der Privatsphäre bedeutet zugleich das Ende der Individualität. Wenn wir keine Privatsphäre haben, entwickeln wir auch unsere Eigenheiten nicht. Wir werden uniform und austauschbar. Natürlich ist das der Obrigkeit und den auf Konsum und Gewinnmaximierung ausgerichteten Datenkraken nur recht, denn dadurch sind wir leichter zu steuern und zu manipulieren. Um uns Dinge zu verkaufen, die wir nicht brauchen, ist es nicht mehr notwendig, von jedem Einzelnen ein eigenes - vollkommen verzerrtes - Profil zu erstellen. Dann reicht ein allgemeingültiges Profil, das auf alle Konsumenten passt.

Individualität ist den Überwachern zuwider. Sie macht uns unkontrollierbar und unberechenbar. Darum mein Aufruf an dich: Sei individuell, sei verschroben, widersetze dich der Berechenbarkeit!

3.1 Privatsphäre, Post-Privacy und Transparenz

„To answer power with power, the Jedi way this is not.
In this war, a danger there is, of losing who we are. "
Yoda

Gerade von den Befürwortern der Abschaffung der Privatsphäre aus der Post-Privacy[i]-Bewegung wird immer wieder Transparenz als Lösung für die Probleme mit unserer Privatsphäre in den Raum geworfen. Die Post-Privacy-Bewegung argumentiert, dass es in unserer digitalisierten Gesellschaft mit den Korrelationsmöglichkeiten der Big Data sowieso keine Möglichkeit mehr gibt, seine Privatsphäre zu erhalten. Der einzige Ausweg aus dieser Entwicklung ist ihnen zufolge die aktive Herausgabe aller Daten - der Schritt in die totale Transparenz. Die Post-Privacy-Befürworter argumentieren an dieser Stelle, dass wir bereits einen Zustand von Offenheit, z. B. durch die Informationen von Google Street View, Facebook und anderen Internetdiensten erreicht haben, dass uns als Gesellschaft nichts anderes mehr bleibt, als uns an diese Entwicklung anzupassen. Die Forderung geht so weit, dass hier eher eine Anpassung des Menschen an die

---

[i] Post-Privacy bezeichnet einen Zustand, in dem es keine Privatsphäre und auch keine Notwendigkeit für Datenschutz mehr gibt. Der Begriff enthält noch keine Wertung, ob dies eher positiv oder negativ für die Gesellschaft ist.

31

Technik stattfinden soll, als andersherum.[i] Ich lehne diesen Ansatz ab.

Ich folge solchen Ideen nicht und unterscheide daher folgendermaßen: Privatsphäre betrifft das, was ich als Privatperson mache, und das ist wirklich *privat* zu halten. Transparenz sollte auf Daten und Prozesse des öffentlichen Lebens und öffentlicher Personen wie Politiker beschränkt sein. Jeder Versuch, von außen in den Bereich des Privaten einzudringen, ist nicht statthaft.

Ein schönes Beispiel hierfür sind die TTIP[ii]-Verhandlungen. Diese werden immer wieder vonseiten der Privatsphären-Abschaffer als geheim deklariert, denn - so deren Argumentation - so etwas könne ja nicht im öffentlichen Raum verhandelt werden.

Aber genau das ist falsch. TTIP betrifft uns alle und ist daher transparent zu verhandeln. Was der Politiker, der TTIP verhandelt, hingegen als Privatperson denkt und tut, ist seine private Angelegenheit und muss als solche behandelt werden und privat bleiben. Die Krux an dieser Forderung ist, dass immer nur von der jeweils anderen Seite völlige Transparenz verlangt wird, während die fordernde Seite dies nicht für ihre eigene Vorgehensweise als notwendig erachtet. Konkret bedeutet dies, dass Politiker von der

---

[i] http://www.spiegel.de/netzwelt/netzpolitik/internet-exhibitionisten-spackeri a-privatsphaere-ist-sowas-von-eighties-a-749831.html

[ii] Transatlantic Trade and Investment Partnership (Transatlantisches Freihandelsabkommen)

Bevölkerung zwar verlangen, Geheimhaltung im Rahmen der TTIP-Verhandlungen zu akzeptieren, gleichzeitig aber die Privatsphäre der Bevölkerung durch Videoüberwachung und Massenüberwachung im Internet immer weiter ausgehöhlt wird. Ähnliches sehen wir auch bei Internetkonzernen wie Facebook und Google: Diese fordern vollkommene Transparenz bei ihren Nutzern, geben auf der anderen Seite aber ihre Verfahren in Bezug auf Profilbildung und Nutzererkennung nicht preis. Immer mit dem Hinweis auf die Notwendigkeit von Geschäftsgeheimnissen. Das ist doppelmoralisch - sowohl in der Politik als auch bei den Internetkonzernen. Transparenz fordern, diese aber selbst nicht leben.

3.1.1 Praxis: Passwörter

Wir alle nutzen Passwörter und niemand kommt auf die Idee, sie öffentlich zu machen. Es gibt da doch den einen oder anderen, der in der einen oder anderen Form wünscht, alle Passwörter wären öffentlich, zumindest für die „Guten", also den Staat und seine Dienste, denn hier wäre ja wohl alles in sicheren Händen - und eben bei den „Guten". Diese Forderung, die sich zumeist auf die Einrichtung von Hintertüren[i] bezieht, schafft eine vollkommen

---

[i] Eine Hintertür, oder Backdoor, ist ein Teil einer Software, der unter Umgehung der normalen Sicherungsmechanismen Zugriff auf geschützte Teile der Software bietet.

unkontrollierbare Möglichkeit zur Überwachung. Denn Hintertüren in Softwareprodukten sind nichts anderes als die Abschaffung der Privatsphäre. Allerdings sind die Begründungen für diese Beseitigung der Privatsphäre, der Veröffentlichung alles Geheimen, schlicht gelogen. So ist das Argument, es entstehe ein mehr an Sicherheit durch ein mehr an Überwachung, schlicht falsch.

Das Gegenteil trifft zu: Es entsteht ein größeres Gefahrenpotenzial. Denn eine Hintertür in Software wird nicht nur von den „Guten" Geheimdiensten genutzt werden. Es ist ein Zugriffspunkt in eine Software und dieser Zugriffspunkt wird auch von den anderen Seiten, kommerziellen Unternehmen, Kriminellen und Terroristen, benutzt werden. Es wird keine Sicherheit dadurch geschaffen, dass Geheimdienste einen Generalschlüssel für unsere Geheimnisse, die wir mit Software schützen wollen erhalten. Hier geht es nur um Macht. Die Privatsphäre lässt sich mit nichts aufrechnen.

Das ist Beginn des Schutzes unserer Privatsphäre: indem wir unsere Passwörter sichern.

Wir haben alle etwas zu verbergen, und das ist gut so. Wehren wir uns! Darum meine eindringliche Bitte an dich: mach dich stark für deine Privatsphäre und beginne dabei mit starken Passwörtern.

Zunächst, was macht ein starkes Passwort aus? Drei Faktoren sind entscheidend:

- **Länge**

Ein Passwort sollte *mindestens* zwölf Zeichen lang sein. Wir sollten stets die maximal mögliche Länge für ein Passwort ausnutzen, die ein Dienst anbietet. Also, bietet z. B. mein E-Mail Provider eine maximal Passwortlänge von 30 Zeichen an, dann nutze ich diese vollständig aus. Denn je länger ein Passwort ist, desto schwieriger ist es zu erraten.

- **Komplexität**

Ein Passwort sollte aus möglichst vielen unterschiedlichen Zeichen bestehen. Das bedeutet, dass wir im Idealfall Buchstaben (sowohl klein als auch groß), Zahlen und Sonderzeichen wie $, &, §, *, +, - und weitere miteinander mischen. Je größer der Zeichenvorrat ist, aus dem wir unser Passwort erstellen, desto schwerer lässt es sich knacken.

- **Kreativität**

Wir sollten einfache und bekannte Worte oder Zeichenfolgen wie „ABC", „123" oder „geheim" *unbedingt* vermeiden. Passwörter werden automatisiert durch Computerprogramme durchprobiert und diese Programme verwenden Nachschlagewerke, um möglichst schnell das Passwort zu erraten. Diese Nachschlagewerke enthalten alle einfachen Passwörter und alle Worte aus Wörterbüchern. Daher sollten wir kreativ werden und Wörter erfinden, die wir dann als Passwort verwenden.

Die Passwörter, die wir auf Basis der genannten Faktoren erzeugen, sind meist lang und schwierig zu merken, daher mein erster Tipp zur praktischen Umsetzung: Setzt einen

Passwort-Manager wie KeePassX[i] ein. So ein Passwort-Manager hilft dabei, die verschiedenen Passwörter sicher zu verwalten, sodass wir sie uns nicht merken müssen.

Eine analoge Möglichkeit, für jeden genutzten Dienst ein eigenes und sicheres Passwort zu erzeugen und es sich auch ohne Einsatz eines Passwort-Managers zu merken, ist das folgende Dreierset an Regeln, das Martin Hellweg entworfen hat:

- Wir überlegen uns zwei Wörter, die wir uns gut merken können. Als Beispiel nehmen wir *Holz* und *Grau*.
  Diese setzen wir zusammen, sodass ein Wort entsteht, das in keinem Wörterbuch vorkommt: *HolzGrau*.
- Für jeden Dienst, den wir nutzen, überlegen wir uns jetzt ein Kürzel, das nicht direkt mit diesem Dienst in Verbindung gebracht werden kann, aber von uns gut zu merken ist.
  Zwei Beispiele dazu:
  Facebook → fcbk
  Gmail → gml
  Damit wir jetzt die Komplexität des Passworts erhöhen, erweitern wir noch das Kürzel des genutzten Dienstes um ein Sonderzeichen und eine Ziffer.
  Auch hier wählen wir Sonderzeichen und Ziffern, die wir uns gut merken können.
  Als Beispiel nehmen wir *(* und *4*
  Damit ergeben sich die Dienste-Kürzel
  fcbk(4 und *gml(4*

---

[i] https://www.keepassx.org/

- Im letzten Schritt fügen wir aus den Bestandteilen unserer zufälligen Wörter und den erweiterten Dienste-Kürzeln unser Passwort zusammen. Dabei erhält die Ziffer noch die zusätzliche Bedeutung, dass sie die Stelle festlegt, an der das Dienste-Kürzel in die gewählten Wörter eingefügt wird.

In unserem Beispiel ergeben sich nun die Passwörter

Holfcbk(4zGrau

Holgml(4zGrau

Damit erzeugen wir sehr sichere Passwörter, die unsere drei Anforderungen Länge, Komplexität und Kreativität erfüllen und leicht zu merken sind.

Nochmals mein großer Dank an Martin Hellweg für seine Idee der analogen Passworterzeugung und -verwaltung.

4. Was passiert, wenn ich meine Privatsphäre schwäche?

„Ich werde gewiß
Mich niemals beschweren,
Will man mir bald dies,
Bald jenes verwehren;
Ich kann ja im Herzen
Stets lachen und scherzen;
Es bleibet dabei:
Die Gedanken sind frei"
Achim von Arnim / Clemens Brentano, Die Gedanken
sind frei

Wäre ich ein Versicherungsmakler, dann würde ich dieses Kapitel dafür nutzen, zwei Hände voll sinnloser Versicherungen zu verkaufen. Mit Angst vor dem, was alles geschehen kann.

Zum Glück bin ich kein Versicherungsmakler und daher will ich hier nur einen Ausblick auf eine düstere Zukunft geben, die uns bevorstehen kann, wenn wir nicht sorgsam mit unserer Privatsphäre umgehen.

Diese Liste ist eine unvollständige und auch nicht sortierte Aufreihung möglicher Auswirkungen einer Privatsphäre, die vor die Hunde - oder eher vor die Bequemlichkeit - gegangen ist.

4.1 Identitätsdiebstahl

„Ich bin nicht, was ich bin."
William Shakespeare, Was ihr wollt

Wenn wir nicht auf unsere Privatsphäre achten, und dabei habe ich auch unsere Passwörter selbst und andere Daten im Blick, die es Datendieben leicht machen, unsere Passwörter zu erraten, so kann das mühelos im Verlust unserer digitalen Identität enden. Wie uns die jüngere Vergangenheit eindrucksvoll gezeigt hat, ist das bereits millionenfach geschehen.

Das wäre - gelinde gesagt - echt blöd, denn dann kann sich plötzlich der geneigte Datendieb als wir ausgeben. Unser Konto plündern, sich damit bereichern. Unsinnige - oder vielleicht auch sinnige - Dinge kaufen. Unseren Namen - also den, den wir unvorsichtig mit der gestohlenen digitalen Identität verknüpft haben - in den Schmutz respektive ins Licht der Internetöffentlichkeit ziehen. Da wir in einer immer stärker digitalisierten Welt leben, ist der Diebstahl unserer digitalen Identität - sei es unser Profil bei Facebook, unsere Kreditkartennummer oder unsere biometrischen Daten wie unser Fingerabdruck oder Iris-Scan - noch verheerender als ein Einbruch in unser Heim: Mit der gestohlenen Identität kann sich der

Datendieb nun als wir ausgeben und auf diese Weise im schlimmsten Fall unser reales Leben zerstören.

4.1.1 Praxis: Keine biometrischen Daten

Momentan sind Passwörter der gebräuchlichste Schutz unserer Identität, den wir einsetzen. Es tauchen jedoch auch immer wieder Ideen auf, die aus einer Mischung aus Bequemlichkeit und vermeintlich höherer Sicherheit entstehen. Die Nutzung biometrischer Daten als Schutz unserer Identität ist eine dieser Ideen.

Der Chaos Computer Club (CCC) hat schon mehrfach bewiesen, dass biometrische Daten wie Fingerabdrücke oder ein Iris-Scan leicht erbeutet werden können. Hat man diese Daten, kann man sich als die Person ausgeben, zu der sie gehören. Das Katastrophale bei biometrischen Daten ist, dass man sie nicht ändern kann. Wird uns ein Passwort gestohlen, so können wir ein neues einrichten. Wird uns jedoch ein Fingerabdruck oder unser Iris-Scan geraubt, können wir weder unsere Fingerabdrücke noch die Beschaffenheit unserer Iris ändern. Wenn ein biometrisches Merkmal gestohlen wird, kann sich der Dieb jederzeit und dauerhaft unserer (digitalen) Identität bedienen.

4.2 Erstellung von Profilen

„Die Bürger demokratischer Gesellschaften sollten Kurse für geistige Selbstverteidigung besuchen, um sich gegen Manipulation und Kontrolle wehren zu können."
Noam Chomsky

Wenn wir unsere Daten und damit unsere Privatsphäre preisgeben, sammeln alle möglichen und unmöglichen Teilnehmer an dem großen Datenspiel alles, was sie in ihre digitalen Finger bekommen können. Daraus erstellen diese Datendiebe dann Profile von uns. Das Ergebnis sieht zwar aus wie Frankensteins Monster, weil es eben nur aus nicht ganz zusammenpassenden, aber dennoch zusammen funktionierenden Teilen besteht, aber darum geht es bei Big Data im Einsatz für die Wirtschaft auch nicht.

Hinter dem Modebegriff *Big Data* verstehen wir mehr als die reine Übersetzung von *Massendaten*. Es bezeichnet zum einen die große Datenmenge, die zu groß, komplex, schnelllebig und zu schwach strukturiert ist, um mit klassischen oder auch manuellen Methoden der Datenverarbeitung bewältigt zu werden. *Big Data* ist ein Begriff, bei dem sich das *Big* auf die drei Dimensionen *volume* (das zugrunde liegende Datenvolumen), *velocity* (Geschwindigkeit, mit der die Daten entstehen und verarbeitet werden) und *variety* (Breite der Datenquellen und -typen) bezieht.

Ursprünglich entstanden ist *Big Data* aus der zunächst im Militär eingesetzten *multisensorischen Datenfusion*. Es geht dabei hauptsächlich darum, sehr schnell große Datenmengen aus vielen unterschiedlichen Datenquellen miteinander in Zusammenhang zu bringen, zu korrelieren.

Beim kommerziellen Einsatz von Big Data geht es darum, dass wir mit immer mehr „relevanten" Informationen zugemüllt werden. Diese „relevanten" Informationen werden aus den Unmengen von Daten, die über uns gesammelt und miteinander korreliert wurden, errechnet. Die Idee hinter Big Data in der Wirtschaft ist, „uns besser kennenzulernen". Es geht um Manipulation. Und es geht immer um Gewinne - an dieser Stelle gleichen sich die Überwacher (wie Geheimdienste und Wirtschaft). Beide - Geheimdienste wie Wirtschaft - wollen Informationen über uns sammeln. Der Wirtschaft geht es zusätzlich noch um die Steigerung ihrer Umsätze und Marktanteile. Das ist das Ziel des Big-Data-Einsatzes im kommerziellen Bereich: Steigerung der Umsätze, Gewinne und Marktanteile durch personalisierte Werbung aufgrund der Profile, die von uns erstellt wurden. Die Verwendung von Big Data in der Wirtschaft ist überdies lukrativ für die Internetkonzerne, da wir als Konsumenten bereitwillig unsere Daten zur Verfügung stellen und sogar für deren Bereitsstellung zahlen - monetär wie auch mit unseren Daten selbst. Jaron Lanier fasst dies lakonisch in seinem Buch *Wem gehört die Zukunft?* zusammen:

> *„Du bist nicht der Kunde der Internetkonzerne. Du bist ihr Produkt.“*

4.2.1 Praxis: Wehr dich gegen Tracking

Die Profile, die von uns erstellt werden, entstehen zu einem großen Teil dadurch, dass wir im Internet verfolgt werden, ein Vorgehen, das man als *Tracking* bezeichnet. Gegen diese Form der Verfolgung können wir uns wehren.

Wir können uns das Tracking im Internet mit folgendem Bild verdeutlichen: Wir machen einen Einkaufsbummel durch ein beliebiges Shopping-Center mit vielen unterschiedlichen Geschäften. Im ersten Laden, den wir betreten, klebt uns ein Türsteher einen gelben Post-it-Sticker auf die Stirn. Auf diesem Sticker werden eine eindeutige Nummer und z. B. das Datum und die Uhrzeit, wann wir diesen Laden betreten haben, notiert. Jeder kann diesen Sticker auf unserer Stirn sehen. Beim nächsten Shop liest der Türsteher zunächst, was auf unserem Post-it steht. Anschließend ergänzt er die Angaben darauf und klebt uns den Sticker wieder auf die Stirn. So geht es die gesamte Einkaufstour weiter. Jeder Laden kann jetzt verfolgen, wo wir eingekauft haben, und kennt uns damit schon recht genau. Zumindest, was unsere Shopping-Vorlieben angeht.

Auf diese Art arbeiten im Internet-Cookies und andere Tracking-Mechanismen.

Es hilft schon, wenn wir einen Internet-Browser verwenden, der uns die Möglichkeit gibt. Add-ons zu installieren. Hier empfehle ich den Firefox von Mozilla, denn dieser unterstützt sehr viele Schutzwerkzeuge, die uns im Kampf gegen Tracking im Internet unterstützen. Dazu zählen *Cookie Controller* zum Schutz vor Cookies, *Privacy Badger* von der EFF (Electronic Frontier Foundation) zum Schutz vor verschiedenen Tracking-Mechanismen und *uBlock Origin* zum Schutz vor unerwünschter und aufdringlicher Werbung.

Add-ons lassen sich im Firefox ganz einfach direkt aus dem Programm installieren. Hierzu muss nur das Menü (rechts oben in der Toolbar - die drei waagerechten Striche übereinander) angeklickt werden. In dem Menü, das sich nun öffnet den Eintrag *Add-on* anklicken. Daraufhin öffnet sich im Firefox der *Add-on Manager*. Hier können nun die oben erwähnten Add-ons gesucht und installiert werden.

4.3 Dein Ruf kann Schaden nehmen

„Wenn Sie in der Öffentlichkeit sind, müssen Sie damit rechnen, dass Sie beobachtet werden."
Wolfgang Schäuble   ·

Wenn wir unsere Privatsphäre dadurch schwächen und schädigen, dass wir jedes Detail über unser Leben öffentlich machen, dürfen wir uns nicht wundern, wenn dies bei - meistens unpassender - Gelegenheit gegen uns verwendet wird. Das Netz vergisst nichts. Niemals. In der Datenschutzgrundverordnung der Europäischen Union ist zwar jetzt das *Recht auf Vergessenwerden* (Artikel 17 der europäischen Datenschutz-Grundverordung) verankert, allerdings halte ich das für ähnlich effektiv durchführbar wie die politische Klimaresolution, durch die die Erderwärmung auf 2° C beschränkt wird. So wie das Internet aufgebaut ist, so wie Datenströme überwacht und zwischengespeichert werden, ist es nahezu unmöglich, sicherzustellen, dass eine Datei, ein Bild, ein Video endgültig im Internet *vergessen* wird, also unauffindbar verloren geht. Das Problem beim *Recht auf Vergessenwerden* liegt darin, dass wir nicht mit ausreichender Sicherheit feststellen können, ob nicht doch irgendwo eine Kopie der Datei vorhanden ist, die *vergessen* werden soll, so z. B. eine Sicherungskopie, die beim Löschen nicht berücksichtigt wurde. Oder ein Nutzer kopiert die Datei und speichert sie für sich lokal, abseits des Internets. Wir müssten an dieser Stelle neue technische Strukturen etablieren, die das Kopieren und Speichern von Daten, die *vergessen* werden sollen, unterbindet. Auch für dieses Szenario bietet Jaron Lanier in seinem Buch *Wem gehört die Zukunft?* einen Lösungsansatz. Das bedeutet jedoch eine vollständige Neuentwicklung der Netzwerkstruktur des Internets - und ich bezweifle, dass das durchgeführt wird.

Was wir gestern gepostet haben, kann uns schon morgen unangenehm vor die Füße fallen. Und wir können sicher davon ausgehen, dass genau diese Sachen gefunden werden. Sicher.

Aber was ist mit den Bildern von uns, die ohne unser Zutun öffentlich gemacht werden? Wir werden in wenigen Jahren eine Generation von dann Jugendlichen haben, die allesamt im Strahl spucken, wenn ihnen ihre *ach so süßen* Kinderbilder vorgehalten werden, die ihre privatsphären-ignoranten, so modernen und aufgeschlossenen Eltern ins Netz gestellt haben. Eltern oder auch Großeltern, die die Privatsphäre ihrer Kinder und Enkel missachten, indem sie jeden Augenblick mit ihren Smartphones festhalten oder filmen und dann ins Internet stellen, beweisen neben einer erschütternden Medienimkompetenz auch eine erschreckende Naivität hinsichtlich Datensicherheit und Privatsphäre. Anstatt von Schulen und Kindergärten zu fordern, dass die den Kindern Medienkompetenz beibringen, sollten Eltern und Großeltern besser Medienkompetenz vorleben und aufhören, das Leben ihrer Kinder und Enkel zu einer öffentlichen Demütigung zu machen.

4.3.1 Praxis: Medienkompetenz aufbauen

Wir haben die Pflicht, uns mit den Technologien, die wir benutzen, auch auseinanderzusetzen. Um es mit den Worten von Spider-Mans Onkel Ben Parker zu sagen:

„Aus großer Macht folgt große Verantwortung."

Wir haben mit digitaler, überall verfügbarer Kommunikation große Macht erlangt und daraus folgt auch die große Verantwortung, vorsichtig damit umzugehen. Wenn wir diese Kommunikationsmöglichkeiten unreflektiert nutzen, werden wir uns und auch unseren Schutzbefohlenen großen Schaden zufügen. Wenn wir verantwortungsvoll mit den zahlreichen modernen Möglichkeiten umgehen, lernen es unsere Schutzbefohlenen ganz automatisch von uns. Zur Medienkompetenz gehört ein Grundverständnis der genutzten Medien sowie die Kenntnis über das Einsatzgebiet der jeweiligen Medien, d.h. welches Medium wir zu welchem Zweck nutzen. Darüber hinaus müssen wir verstehen, wie diese Medien funktionieren. Wir müssen Alternativen kennen und die jeweiligen Vor- und Nachteile verstehen. Wir müssen die Grundregeln der Kommunikation kennen und beherrschen

4.4 Ausschluss aus dem öffentlichen Leben

„Ich möchte nicht in einer Welt leben, in der alles, was ich sage, alles, was ich tue, aufgezeichnet wird. Das ist nichts, was ich bereit bin zu unterstützen. Das ist nichts, unter dem ich zu leben bereit bin."
Edward Snowden

Wir können ganz unmittelbar und höchstpersönlich Opfer der überbordenden Überwachungsmöglichkeiten werden. Nehmen wir als Beispiel die unheilige Allianz aus Nextdoor und Facewatch.

Nextdoor ist eine Plattform, auf der Bilder aus privaten Überwachungskameras bereitgestellt, bewertet und kommentiert werden können. Facewatch ist eine Plattform zur Gesichtserkennung. Beide laufen sehr erfolgreich und – erschreckenderweise - technisch sehr präzise. Nehmen wir folgenden Fall an: Als Kunde von McDonald's ärgerst du dich beim Bestellen deines Burgers darüber, dass der schon wieder anders aussieht, als auf dem professionell erstellten und perfekt retuschierten Werbeplakat und äußerst das auch. Da McDonald's - natürlich nur zu unserer Sicherheit - eine Videoüberwachung installiert hat und diese Bilder bei Nextdoor bereitstellt, wandert dein Konterfei jetzt mit dem Kommentar „persona non grata" in die unendlichen Weiten der digitalen Welt. McDonald's hat mittlerweile eine Stufe der Exklusivität erreicht, dass die Kette ihre Klientel möglichst persönlich kennen will, also nutzt sie die überwältigenden Dienste von Facewatch.

Die Kameras am Eingang jeder Filiale erkennen jetzt mit sehr hoher Trefferrate die Stammkunden wieder. Und da es mittlerweile sehr effektive Schnittstellen zwischen Nextdoor und Facewatch gibt, wirst du zielsicher beim Betreten wiedererkannt und mit deinem Namen begrüßt. Leider nicht freundlich, sondern von einem Vertreter des Sicherheitspersonals, der dich des Restaurants verweist, denn du bist ja jetzt eine *persona non grata*. Das passiert dir in jeder Filiale von McDonald's, und das perfide daran ist, dass du noch nicht einmal erfährst, warum so mit dir verfahren wird.

Ähnliches kann uns zukünftig auch geschehen, wenn wir in die USA einreisen wollen. Die USA nutzen zwar nicht Nextdoor und Facewatch, aber zukünftig werden bei der Übermittlung der Fluggastdaten[i] auch die Konten unserer sozialen Netzwerke wie Facebook und Twitter abgefragt. Hat man als Reisender an dieser Stelle die „falschen" Freunde oder unerwünschte Tweets veröffentlicht, kann das bereits jetzt dazu führen, dass die Einreise verweigert wird. Weiterhin haben die US-Behörden Zugriff auf die Kommunikation, die über Facebook stattfindet. Findet sich dort der Anlass für Verdächtigungen, selbst wenn es sich um einen harmlosen Chat zwischen einem Au-Pair und ihrem Gastvater

---

[i] PNR, passenger Name Record

handelt, führt dies mitunter zur Verweigerung der Einreise in die USA.

Allerdings kann dir als Totalverweigerer von unsozialen Netzwerken auch bei der Einreise in die USA bevorstehen, dass du eben *nicht* einreisen kannst: Kein soziales Netzwerk, keine Prüfung der politischen Gesinnung möglich, keine Einreise in die USA.

4.4.1 Praxis: Bleib dir treu

An dieser Stelle ist der einzige Tipp, den ich dir geben kann: Bleib dir selbst treu, ehe du dich vollkommen zensierst und nichts Negatives mehr äußerst. Denn selbst, wenn du nichts Negatives kundtust, hast du keinen Einfluss darauf, was deine „Freunde" posten. Und an dieser Stelle nehmen die Überwacher dich gewissermaßen in Sippenhaft.

Und wenn du an gar keiner sozialen Plattform im Internet teilnehmen willst? Ich halte es für eine perverse Idee, Mitglied bei einem sozialen Netzwerk zu werden, nur damit du bei der Einreise in die USA eine Mitgliedschaft in einem solchen dokumentieren kannst.

Schwieriger mit der Treue wird es jedoch in totalitären Regimen wie dem Iran oder Saudi-Arabien, wo einem schon die eigene sexuelle Identität leicht das Leben kosten kann. Ich finde es furchtbar, dass in unserer Zeit noch solche intoleranten Meinungen bestehen, welche uns keine freie Entwicklung unserer Identität – sei es religiös, spirituell oder sexuell – zugestehen. Dennoch appelliere ich nochmals daran, uns selbst stets treu zu bleiben. Vielleicht verzichten wir darauf, alles, was uns ausmacht, an das große virtuelle schwarze Brett der unsozialen Plattformen zu heften. Egal, wie treu wir unseren Überzeugungen sein wollen – es hilft uns und anderen nichts, wenn wir dafür sterben.

4.5 Die Filterblase – Eingeschränkte Informationsfreiheit

„Keiner denkt mehr frei, der ein System hat. "
Jean Paul

Was uns als weitere Auswirkung einer geschwächten Privatsphäre geschehen kann, ist, dass wir in einer - ganz speziell für uns aufgeblasenen - Filterblase landen.

Um das zu verstehen, müssen wir kurz betrachten, was eine Filterblase ist. Wenn wir Informationen für uns aufnehmen, sehen wir nie die vollständigen, objektiven Informationen, die es zu einem Thema gibt. Wir sind immer durch unsere Meinung, Stimmung und Umgebung, in der wir leben, voreingenommen. In der echten Welt zeigt sich diese Voreingenommenheit z. B. durch die Auswahl der Tageszeitung, die wir lesen. Wir wissen, dass beispielsweise die *TAZ* eine tendenziell eher linke Sichtweise auf politische Geschehnisse hat, während die *Rheinische Post* eher konservativ ausgerichtet ist. Wenn wir diesen Gedanken auf unsere Suchaktivitäten im Internet übertragen, stehen wir grundsätzlich vor derselben Herausforderung: Nichts ist wirklich objektiv. Der Unterschied zu unserer freien Entscheidung zwischen *TAZ* und *Rheinischer Post* (oder auch für beide) liegt darin, dass wir im Internet nicht merken, dass wir nur einen subjektiven Ausschnitt aus der Gesamtheit aller Informationen präsentiert bekommen. Google (und auch andere Suchmaschinen) bieten uns aufgrund unserer bisherigen Suchen und auf Basis des Profils, das Google über uns erstellt hat, einen für uns zugeschnittenen Ausschnitt der gesamten Datenmenge an. Wohlmeinend, wenn wir davon ausgehen, dass Google uns damit ein Werkzeug zur Verwaltung der Informationsmenge an die Hand gibt. Manipulierend, wenn wir damit in eine Richtung gebracht werden, in die uns die Internetkonzerne bringen wollen. Da Google und andere Internetkonzerne wie Facebook uns nicht sagen, dass wir nur einen Ausschnitt der verfügbaren Daten sehen, erhalten wir den Eindruck, was wir sehen, ist die Gesamtheit aller verfügbaren Informationen. Das ist ganz klar manipulativ.

Diese auf uns zugeschnittene und auf einem Profil basierende Informationsauswahl ist das, was der Begriff Filterblase beschreibt. Eine Filterblase ist ein Ausschnitt der objektiv zur

Verfügung stehenden Daten, die auf meine (vermeintlichen) Interessen zugeschnitten, eben gefiltert, wurden.

Wenn wir unsere Privatsphäre zu Markte tragen, werden sich die „Informationsdienstleister" diese Daten unter den elektronischen Nagel reißen - und uns fortan nur noch die aus ihrer kommerziellen Sichtweise für uns „relevanten" Daten anbieten. Leider ist das nicht das, was wir zu finden hoffen, sondern nur das, was die „Informationsdienstleister" festlegen, was wir zu finden haben. Einzig und allein, damit deren Profit steigt, nicht etwa unser Wissen. Das Schlimme an der Filterblase ist darüber hinaus, dass sie immer enger wird, je mehr wir von unserer Privatsphäre preisgeben. Schon Adolph Freiherr Knigge hat dies schon erkannt, als er sagte:

„Sei nie ganz müßig! Lerne dich selbst nicht zu sehr auswendig, sondern sammle aus Büchern und Menschen neue Ideen. Man glaubt es gar nicht, welch ein eintöniges Wesen man wird, wenn man sich immer in dem Zirkel seiner eigenen Lieblingsbegriffe herumdreht, und wie man dann alles wegwirft, was nicht unser Siegel an der Stirne trägt."

„Ein eintöniges Wesen", das wäre auch wohl die Idealvorstellung unserer Überwacher und Datensammler, wie wir sein sollen. Bloß nicht selbst denken. Bloß nicht von der Norm abweichen. Immer schön auf Linie sein, dann bist du ein guter Konsument, ein braver Bürger. Leicht unter Kontrolle zu halten.

4.5.1 Praxis: Nutze eine filterfreie Suchmaschine

Google ist nicht das Maß aller Dinge, was Suche im Internet angeht – das wird uns nur weisgemacht. Google hat als Suchmaschine in Deutschland einen Marktanteil von ungefähr 93 Prozent. Schon das ist eine Zahl, die uns misstrauisch werden lassen sollte. Niemand ist *nur gut* - schon gar nicht, wenn dieses Unternehmen „Don't Be Evil" als Motto verwendet.

Es gibt hervorragende Alternativen zu Google, die nicht versuchen, dich in eine bequeme Filterblase zu stecken, weil sie dich eben nicht im Internet verfolgen. Suche probeweise mal mit Startpage, Unbubble, DuckDuckGo oder Metager.

Diese Suchmaschinen finanzieren sich durch Werbung oder Spenden - aber nicht durch deine Daten, die sie sammeln und dann verkaufen, wie es Google tut.

4.5.2 Praxis: Verschleiere deine Suchaktivitäten

Eine alternative Möglichkeit meine Suchaktivitäten zu verschleiern, ist der Einsatz von Add-ons wie *Little Foggy*[i] und *TrackMeNot*[ii].

Little Foggy ist ein Add-on der *Safe Surfer Stifung*, um einen Datennebel zu erzeugen, in dem meine tatsächlichen Suchanfragen verschleiert werden.

Auch *TrackMeNot* ist ein Browser Add-on zur Verschleierung der Suchanfragen. Diese Erweiterung wurde von der New York University (NYU) unter der Leitung von Helen Nissenbaum für Medien, Kultur und Kommunikation entwickelt. Der Schwerpunkt ihrer Arbeit liegt in den Gebieten Privatsphäre, Privatsphären-Gesetze und Online-Sicherheit.

4.6 Wir werden überwacht

„Warum können wir eigentlich nicht alle Signale immer abfangen?"
General Keith Alexander

Es lässt sich wohl trefflich darüber streiten, ob die Aussage „wir werden überwacht" eine Folge oder ein Grund geschwächter Privatsphäre ist.

---

[i] https://www.safe-surfer.com/littlefoggy.php
[ii] https://cs.nyu.edu/trackmenot/

Ich argumentiere dafür, dass es eine *Folge* geschwächter Privatsphäre ist. Denn wenn wir damit beginnen, freiwillig private Daten preiszugeben, öffnen wir uns dem Interesse der Überwacher. In jedem Leben gibt es dunkle Flecken, die diese Überwacher gern erhellt sehen würden, folglich leidet unsere Privatsphäre in der Folge noch stärker unter der einsetzenden oder zunehmenden Überwachung. Auch Unachtsamkeit, wenn wir z. B. ein Passwort öffentlich machen, kann dazu führen.

Generell scheint es so, dass eine geschwächte Privatsphäre zu mehr Überwachung führt, wie wir auf politischer Ebene immer wieder gezeigt bekommen. Die Rechte der Überwacher werden deutlich schneller und massiver gestärkt als die Rechte der Bürger zum Schutz ihrer Privatsphäre. Überwachung wird aus den fadenscheinigsten Gründen erweitert, zurückgenommen wird sie jedoch nur selten, und zu oft und zu leichtfertig wird politisch der Schutz der Freiheit und der Sicherheit als Argument angeführt. Wenn wir an dieser Stelle nicht massiv unseren Protest gegenüber diesem politischen Vorgehen äußern und das auch den von uns gewählten Volksvertretern mitteilen, tragen wir indirekt zur Schwächung unserer eigenen Privatsphäre bei.

Damit ist die zunehmende Überwachung eine Folge davon, dass wir unsere Privatsphäre geschwächt haben, denn in einer Demokratie sind wir als Wähler für die Politik verantwortlich.

Ganz individuell, und doch wirkt es sich auf die gesamte Gesellschaft aus. Im Umkehrschluss bedeutet dies jedoch auch, dass wir, wenn wir ganz individuell unsere Privatsphäre stärken, damit auch die Privatsphäre für die gesamte Gesellschaft stärken können.

4.6.1 Praxis: Tor einsetzen

Wenn wir einen verschleiernden Browser wie den *Tor Browser*[i] einsetzen, entziehen wir uns ein Stück weit der Überwachung, die uns ansonsten ständig im Internet belauscht. Da es niemanden - und schon gar nicht einen Geheimdienst - etwas angeht, nach was ich mich im Internet umschaue, empfehle ich, den Tor Browser zum Browser für Recherche im Internet zu erheben.

Tor bietet einfach nur die Möglichkeit, sich anonym im Internet zu bewegen. Dabei geht es aber um weit mehr, als den Schutz der Freiheit des Einzelnen: Durch die Nutzung von Tor erzeugen wir einen Schwarm von nicht eindeutig identifizierbaren Nutzern. Je intensiver wir Tor nutzen, desto besser schützen wir die Menschen in totalitären Regimes, die darauf angewiesen sind, anonym zu surfen. So wird die Nutzung von Tor gewissermaßen zu einem Akt der Völkerverständigung durch die Stärkung der freiheitlichen Menschenrechte auf der ganzen Welt.

Wenn unsere Regierung die Nutzung von Tor verbieten oder

---

[i] https://www.torproject.org/projects/torbrowser.html.en

überwachen will, schwächt sie damit die Freiheit von Unterdrückten in totalitären Regimes und stärkt folglich besagte Regime.

Wir sollten uns jedoch bewusst sein, dass wir beim Einsatz von Tor richtig vorgehen müssen. Der Schwarm von nicht einzeln identifizierbaren Tor-Nutzern besteht nur, wenn wir den Tor Browser so einsetzen, wie er ausgeliefert wird, also die Standardeinstellungen nicht verändern. Das heißt im Einzelnen: Wir dürfen weder die Fenstergröße ändern noch zusätzliche Plugins installieren; andernfalls verändern wir den Fingerabdruck des Tor Browsers und werden damit innerhalb des Tor-Schwarms wieder eindeutig identifizierbar.

Solche Änderungen sollten also unterlassen werden, wenn man sich für die Verwendung von Tor Browser entscheidet, denn sie sind kontraproduktiv. Noch problematischer ist, dass dadurch das gesamte Tor-Netzwerk geschwächt wird.

Die Einschränkungen hinsichtlich der Nutzung des Tor Browsers im unveränderten Auslieferungszustands sind jedoch für den Einsatz als Browser zur Recherche sehr gering und daher vernachlässigbar. Da wir den Tor Browser nur als ergänzenden Browser nutzen sollen, wirkt sich Nutzung des Tor-Netzwerkes zur Anonymisierung nur minimal aus - wir sind immer noch schnell genug im Internet unterwegs, um all unsere gesuchten Informationen zu finden.

4.7 Appleisierung - Gefangen bei einem Anbieter

„Wer sich nicht bewegt, spürt auch seine Fesseln nicht."
Rosa Luxemburg

Appleisierung, oder auch Googleisierung, meint das ausschließliche Verwenden von Geräten und Diensten aus dem Ökosystem eines einzelnen Herstellers.

Wir laufen Gefahr, dass unser virtuelles (und zunehmend auch unser reales) Leben in einer digitalen Monokultur endet, wenn wir uns immer mehr in dem Ökosystem des einen oder anderen Herstellers einnisten. Ob das jetzt bei Apple geschieht und wir unsere komplette elektronische Identität dem angebissenen Apfel opfern, oder ob es der avocadogrüne Google Androide ist, auf den wir uns verlassen, ist an dieser Stelle vollkommen egal. Immer mehr Hersteller - auch abseits der „reinen" IT-Konzerne – wollen uns Kunden durch „Kundenbindung" - ein Euphemismus für Ketten und Fesseln - bei ihren Produkten halten. Das passiert häufig durch eher fragwürdige Praktiken wie bei Philips, deren digital gesteuertes Lichtsystem nur LED-Lampen des eigenen (oder eines zertifizierten) Herstellers akzeptiert, oder wie bei Druckerherstellern, die ihre Tintenpatronen elektronisch mit einem

Regionalcode wie bei DVDs ausstatten, damit wir ja nicht auf die Idee kommen, die Varianten für Südamerika oder Südostasien zu kaufen (obwohl sowieso alle Tintenpatronen dort hergestellt werden und überall gleich viel kosten). Mir fällt an dieser Stelle James Donald in seiner Rolle als Major Clipton mit seinen letzten Worten aus dem Film *Die Brücke am Kwai* ein:

„Madness! ... Madness. "

Auch bei den angeblich sozialen Plattformen lässt sich diese Taktik beobachten: Die Anbieter wollen nicht, dass du von ihnen weg wechselst, also gibt es keine Exportmöglichkeit für deine Kontakte. Du kannst deine 3.457 „Freunde" bei Facebook nicht einfach mitnehmen, um mit ihnen von jetzt an über Google+ oder - ohje, wie schrecklich! - über etwas vollkommen Plattformungebundenes wie E-Mail zu kommunizieren.

Warum verkaufen sich denn so viele Nutzer (inklusive wahrscheinlich ihrer Seelen) an WhatsApp? Weil „alle" dort sind. Und weil es wirklich unmöglich ist, „alle" von einem sicheren Instant Messaging Dienst zu überzeugen. Deswegen sehen zwar „alle" ein, dass es besser wäre, beispielsweise Signal (einen quelloffenen, sicheren Messenger) zu verwenden, aber es geht halt nicht, weil ja „alle" bei WhatsApp sind!

Signal ist ein Messenger mit dem gleichen Funktionsumfang wie WhatsApp, allerdings basierend auf einer offenen Codebasis. Das bedeutet - und das halte ich für einen grundlegend wichtigen Aspekt bei Software, die sich um Sicherheitsfunktionen kümmert - dass jeder im Quelltext dieser Software prüfen kann, ob Hintertüren für Abhöraktionen eingebunden wurden oder nicht. Und da niemand auf Dauer Hintertüren in offener Software so verstecken kann, dass sie nicht gefunden werden, beinhaltet quelloffene Software diese Hintertüren eben nicht. Darüber hinaus kann auf die gleiche Art und Weise auch die Qualität der verwendeten Sicherheitsfunktionen in dieser quelloffenen Software geprüft werden.

Der Wechsel ist möglich: Zum einen deswegen, weil du nicht alle deine bisherigen WhatsApp-Kontakte zu Signal umziehen musst. Du brauchst das nur mit einigen deiner Kontakte zu tun. Diversifiziere – darauf gehe ich im nächsten Praxistipp näher ein. Wenn du es schaffst, einige deiner Kontakte von den Vorteilen eines sicheren Messengers zu überzeugen, so wird das Auswirkungen auf weitere Kontakte haben und sie auf lange Sicht mitziehen.

4.7.1 Praxis: Nutze mehrere Systeme

Damit wir uns nicht vollständig von *einem* Anbieter, *einer* Plattform abhängig machen, hilft ein ganz einfaches Konzept: Diversifikation. Nutzen wir unterschiedliche Systeme und unterschiedliche Plattformen, so kann es nicht so leicht geschehen, dass nur *ein* Anbieter *alle* unsere Daten sammelt.

Wir lernen dadurch nebenbei, auch wieder mehr auf uns selbst, auf unser Bauchgefühl zu hören. Denn wir müssen wieder einige Dinge in unsere eigenen Hände nehmen. Zugegeben, wir geben etwas Bequemlichkeit auf, gewinnen dafür aber enorm viel Freiheit. So gefällt uns vielleicht doch das neue Android-Smartphone besser als das Apples neues iPhone - obwohl wir ein MacBook nutzen. Oder wir entscheiden uns für einen Windows-PC, obwohl wir ein iPhone haben. Das ist nur ein kleiner Auszug aus den vielen Möglichkeiten, die uns erwarten, wenn wir unseren Blick heben und über den Tellerrand blicken, den uns die Anbieter bisher als einzig möglichen Weg vorgegaukelt haben.

4.8 Wir verlieren die Möglichkeit zur freien Entscheidung

„Alle Systeme sind falsch, die auf Beständigkeit der menschlichen Natur, nicht auf seiner Wandlungs- und Entwicklungsfähigkeit beruhen. "
Oscar Wilde

Keine Privatsphäre – keine freie Willensbildung – keine freie Wahlmöglichkeit.

Das bringt wohl am besten auf den Punkt, was geschehen kann, wenn wir unsere Privatsphäre aufs Spiel setzen und hoffen, danach auch nur noch annähernd eine freie Wahl treffen zu können. Wenn alles über uns bekannt ist, sind wir manipulierbar. Derjenige, der unsere Profile, also Daten über unsere Vorlieben, unsere Wünsche, unsere Hoffnungen hat, derjenige weiß, an welcher Stelle er uns locken, ängstigen und steuern kann. Dieses Wissen wird auch in ganz subtiler Form ausgenutzt, indem uns lediglich die Dinge zur Auswahl angeboten werden, die laut der Auswertung unserer Profile unseren Interessen entsprechen. Diese Manipulation mag ja noch ganz harmlos erscheinen, ist sie doch „nur" eine Kaufempfehlung. Aber was ist, wenn wir in unseren politischen Entscheidungen oder gar in den Entscheidungen, die unsere Lebensweise betreffen, subtil manipuliert werden?

Im Wahlkampf von Barack Obama zu seiner Wiederwahl als Präsident der USA 2012 wurde diese subtile Form von Entscheidungssteuerung erfolgreich eingesetzt. Es wurden die Facebook-Profile von potenziellen Wählern ausgewertet. Damit waren die Wahlhelfer Obamas in der Lage, jeden dieser potenziellen Wähler individuell anzusprechen. Wenn alle unsere Fragen nur noch mit Hinweisen auf unsere bisherigen Einstellungen und Entscheidungen beantwortet werden, landen wir in einer Echokammer, die uns keine neuen Entscheidungen mehr ermöglicht. Wir wiederholen nur immer und immer wieder unsere bisherigen Entscheidungen, kommen aber aufgrund des Fehlens von neuen und innovativen Ideen nicht zu neuen und innovativen Lösungen.

„Wenn Du immer wieder das tust, was Du immer schon getan hast, dann wirst Du immer wieder das bekommen, was Du immer schon bekommen hast. Wenn Du etwas anderes haben willst, musst Du etwas anderes tun! Und wenn das, was Du tust, Dich nicht weiterbringt, dann tu etwas völlig Anderes – statt mehr vom gleichen Falschen!"

Paul Watzlawick bringt damit den grundlegenden Sinn von Innovation und neuen Ideen auf den Punkt. Wir müssen Neues wagen und dürfen nicht erwarten, dass wir etwas Neues erleben, wenn wir beständig das Alte wiederholen. Die Wiederholung des

Alten ist das, was uns in unserer Echokammer hält. Die Wiederholung des bereits Bekannten bietet uns Sicherheit - macht uns jedoch auch manipulierbar.

Besonders perfide bei diesem Vorgehen ist, dass wir es gar nicht wahrnehmen, weil wir schon so stark darin eingebunden sind, dass uns der Blick von außen auf das System fehlt. Aber dieser Blick ist dringend notwendig, er würde uns als Korrektiv dienen.

4.8.1 Praxis: Werde unberechenbar!

Dies klingt ein wenig schwierig umsetzbar, macht dafür aber umso mehr Spaß!

Lass dich nicht in eine Schublade stecken, sondern probiere immer wieder neue Dinge aus. Sei allerdings datensparsam mit allem, was du ausprobierst, denn wenn diese Dinge von den Datensammlern erfasst werden, erweitern sie dein Profil. Mit etwas Glück tritt ein, dass dein Profil sehr *verwaschen* wird, wenn du sehr viel Neues probierst und eventuell wieder verwirfst.

Halte dich mit deinen Daten an die große Weisheit der Kommunikationskultur im Internet:

„Don't Feed The Trolls."

Mit den Trollen sind an dieser Stelle die Datensammler gemeint. Je weniger Daten sie von dir bekommen, desto besser für deine Privatsphäre.

4.9 Wir bekommen einen schlechteren Score

„Ein Vorurteil ist eine vagabundierende Meinung ohne ersichtliche Mittel der Unterstützung."
Ambrose Gwinnett Bierce

Der Score, das Allheilmittel der Finanz- und Versicherungsbranche.

Hast du einen schlechten, bekommst du keinen Handyvertrag, keine (oder nur eine sehr teure) Versicherung, keine Wohnung. Er errechnet sich aus hochkomplexen und geheimen Algorithmen.

Wenn die Datensammler und -verwerter, diese Datenkraken, von Transparenz sprechen, dann meinen sie damit unsere Transparenz ihnen gegenüber. Für sie sollen wir gläsern und vollkommen durchleuchtbar sein. Das gilt jedoch nicht umgekehrt – die Algorithmen, mit denen wir durchleuchtet, vermessen und in einen Score-Wert umgewandelt werden, sind geheim. Sie sind die Zauberformeln der Finanzmagier, mit denen sie uns Uneingeweihte unter ihre Macht bannen wollen. Je mehr Zutaten wir ihnen für ihre magischen Berechnungen schenken, desto besser wird unser Score – versprechen sie uns. Allerdings ist das im

Grunde eine grobe Vorspiegelung falscher Tatsachen. Der Score berechnet sich schon lang nicht mehr nur aus unseren eigenen Daten – auch unsere „Freunde" auf den diversen Plattformen, unsere Postings und unsere Kommentare fließen darin mit ein. Ebenso unser Wohnort, unser Alter und unser Geschlecht. Auch unsere Religionszugehörigkeit, unsere sexuelle Orientierung und politische Affinität sind alles Bestandteil unseres Score-Wertes. Damit werden nicht nur unsere Gedanken und Empfindungen ausgewertet, sondern auch Gedanken und Äußerungen, auf die wir gar keinen Einfluss haben, da sie von unseren „Freunden" kommen und lediglich mit uns korreliert werden.

4.9.1 Praxis: Selbstauskunft anfordern

Laut § 19 BDSG[i] hat jeder Bürger das Recht auf Auskunft über die Daten, die eine Behörde oder ein Unternehmen über ihn gespeichert hat. Das hilft, um einen Überblick über die gespeicherten Daten zu erhalten. Darüber hinaus haben wir dadurch auch die Möglichkeit, falsche Daten zu löschen oder fehlerhafte Daten zu korrigieren. Um dies möglichst einfach durchzuführen, hilft z. B. ein Dienst wie selbstauskunft.net[ii].

---

[i] Bundesdatenschutzgesetz
[ii] https://selbstauskunft.net/

4.10 Wir bekommen keinen Job

„We have a job. A job! Our reward after years of education! We worked hard in our youth in order to work hard again in our adulthood. A job! The summit of our lives!"
Tom Hodgkinson

In den USA ist es bereits üblich, vor den teuren und aufwendigen Personalauswahlprozess erst einen unbestechlichen Algorithmus über den verheißungsvollen Kandidaten urteilen zu lassen. Dieser Algorithmus durchforstet - mit verschiedenen Filterkriterien gefüttert - die unterschiedlichen unsozialen Plattformen nach dem Kandidaten, was er so alles von sich gegeben hat und auch, wer seine „Freunde" sind.

Ich will an dieser Stelle auch ganz entschieden die entsetzliche Sichtweise von Eric Schmidt

„Wenn es etwas gibt, von dem Sie nicht wollen, dass es irgendjemand erfährt, sollten Sie es vielleicht ohnehin nicht tun."

von mir weisen.

Es kann nicht sein, dass wir entscheiden müssen, was wir tun oder nicht tun, weil wir Angst haben müssten, dass es jemand herausfindet und gegen uns verwendet.

Yvonne Hofstetter hat dieses Vorgehen der algorithmischen Kandidatenauswahl treffender beschrieben. Es geht bei dieser automatisierten Bewerberauswahl nicht darum, was die Kandidaten in der Vergangenheit gemacht haben und was dauerhaft gespeichert wurde. Es geht vielmehr darum, was die Algorithmen *prognostizieren*, wie sie sich als spätere Mitarbeiter statistisch berechnet verhalten werden. Die Vergangenheit ist gar nicht von Interesse für die Big-Data-basierte Mitarbeiterauswahl, es ist vielmehr die *prognostizierte* Zukunft und deren Marktwert.

Letztlich können wir vielleicht sagen: „Einen Job, bei dem eine Maschine die Auswahl trifft, will ich sowieso nicht machen." Das gilt jedoch nur, wenn wir es uns auch leisten können.

4.10.1 Praxis: Nicht alles veröffentlichen

Wir können alles tun. Ich bin ein Freund von freiheitlichem Verhalten und die Sichtweise von Eric Schmidt halte ich, da wiederhole ich mich gern, für entsetzlich, denn sie zwingt uns ein angepasstes und massenkonformes Verhalten auf.

Wir sollten jedoch überlegen, was wir veröffentlichen, denn so haben wir zumindest noch einen gewissen Einfluss darauf, wie wir uns im Internet sehen wollen. Wir müssen jedoch auch im Blick behalten, dass andere Menschen ebenfalls beispielsweise Fotos von uns veröffentlichen können. Das kann man meist über

Sicherheits- oder „Datenschutz"-Einstellungen unterbinden – zumindest werden die Posts anderer Benutzer dann nicht mit unseren freiwillig angelegten Profilen verknüpft.

Überlege anhand der folgenden drei Fragen, ob ein Posting notwendig ist. Frage dich:
- Ist es hilfreich?
- Ist es freundlich?
- Ist es gut?

Kannst du alle diese Fragen klar mit *ja* beantworten, dann poste dein Bild oder deinen Kommentar. Wenn nur ein *nein* dabei ist, lass es.

4.11 Wir werden leichtes Opfer von Cyberkriminellen

„Man wird am ehesten betrogen, wenn man sich für klüger als die anderen hält."
René Descartes

Durch geschwächte Privatsphäre haben Cyberkriminelle einen deutlich stärkeren Hebel, um bei uns anzusetzen. Sie erfahren Dinge über uns, die ihnen helfen, unsere Passwörter zu erraten. Sie können aufgrund der Informationen, die wir leichtfertig auf sozialen Plattformen über uns preisgeben, mehr über uns erfahren. Dieses Wissen gibt ihnen ein Werkzeug, mit dem sie eingrenzen können, wie wir unsere Passwörter gestalten, denn immer noch werden Passwörter häufig aus dem persönlichen Lebensbereich gewählt.

Weiterhin können sie uns durch Social Engineering [i]zur Herausgabe unserer Passwörter oder weiterer privater Informationen, wie unsere Kontoverbindung bewegen. Dies geschieht z. B. durch gezielte (Spear)Phishing[ii]-Attacken. Dabei werden wir auf eine zu unseren Interessen passenden aber gefälschten Internetseite gelockt. Dort werden dann Zugangsdaten und Passwörter von uns gestohlen.

Durch eine geschwächte Privatsphäre wissen Cyberkriminelle einfach zu viel über uns, und wie wir wissen, ist Wissen Macht. Diese Macht in den falschen Händen führt zu einem Missbrauch, der uns entweder realen Schaden, z. B. in finanzieller Hinsicht, oder auch virtuellen Schaden wie den Verlust unserer Reputation, unseres Rufes, zufügen kann.

---

[i] „soziale Manipulation": Durch zwischenmenschliche Interaktion versuchen Informationen, wie etwa Zugangsdaten, ohne Einsatz von technischen Hilfsmittel einem Menschen zu entlocken.

[ii] Gezieltes Abfischen von Zugangsdaten, eben wie beim Speerfischen.

4.11.1 Praxis: Datensparsamkeit & hinweisfreie Passwörter

Um uns vor Social Engineering Attacken zu schützen, sollten wir möglichst wenig private Daten über uns preisgeben. Es schützt unsere Privatsphäre, wenn möglichst wenig Informationen über unsere Hobbys, Neigungen und Interessen im Internet auffindbar sind.

Bei unseren Passwörtern sollten wir besonders darauf achten, dass kein Zusammenhang mit unserem Leben feststellbar ist. So sollten Namen von Hunden, Familienangehörigen oder Lieblingsfreunden vermieden werden. Ebenso sollten Geburtsdatum, Hochzeitstag oder die Lieblingsfarbe keinesfalls als Passwort herangezogen werden.

72

5. Was habe ich davon, wenn ich meine Privatsphäre stärke?

„Festen Mut in schwerem Leiden,
Hülfe, wo die Unschuld weint,
Ewigkeit geschwornen Eiden,
Wahrheit gegen Freund und Feind,
Männerstolz vor Königstronen, –
Brüder, gält' es Gut und Blut –
Dem Verdienste seine Kronen,
Untergang der Lügenbrut!"
Johann Christoph Friedrich von Schiller

Was bringt es mir nun, mich um die Stärkung und den Schutz meiner Privatsphäre zu kümmern?

Jeder von uns braucht einen geistigen Sandkasten, in dem Ideen betrachtet werden können, ohne dass von außen Einfluss genommen werden kann. Wir brauchen ein Labor, in dem wir mit Gefühlen und Gedanken experimentieren können, ohne dafür Rechenschaft ablegen zu müssen. Dieser Freiraum gibt uns Kraft, unsere Identität zu gestalten und zu bewahren.

5.1 Wir gewinnen mehr Freiheit

„Wer die Freiheit aufgibt, um Sicherheit zu gewinnen,
wird am Ende beides verlieren. "
Benjamin Franklin

Das ist so klar und einleuchtend, dass dieser Punkt leicht übersehen wird.

Wenn wir unsere Privatsphäre stärken und schützen, gewinnen wir für uns einen großen und wichtigen Freiraum zurück. Diese Freiheit ist geradezu die Grundvoraussetzung für weitere Aspekte, die von einer starken Privatsphäre profitieren. Wir erhalten die Freiheit, zu tun und zu denken, was wir wollen, ohne dass uns jemand in unsere Gedanken hineinfunkt oder diese gar überwacht und zu zensieren versucht.

Die Freiheit der Gedanken ist ein hohes Gut. Das zeigt uns auch Hoffmann von Fallersleben im Volkslied *„Die Gedanken sind frei"*:

„ Ich denke, was ich will,
und was mich beglücket,
doch alles in der Still,
und wie es sich schicket.
Mein Wunsch und Begehren
kann niemand verwehren,
es bleibet dabei:
Die Gedanken sind frei. "

Es ist essenziell wichtig für den Menschen, dass er einen Bereich hat, in dem er ganz für sich seine Freiheit denken darf. Hier dürfen keine Überwachung, keine Zensur und keine Manipulation stattfinden.

Gerade in Deutschland haben wir doch ausreichend Beispiele dafür gesehen, dass unter der Diktatur einer staatlichen und geheimpolizeilichen Überwachung keine Freiheit existieren kann. Seien es die Gestapo oder die Stasi, die hier als Beispiele für eine streng organisierte Überwachung einer ganzen Bevölkerung dienen, immer ging es darum, die Privatsphäre aufzulösen und damit die Freiheit einzuschränken. Wir dürfen - und das ist meine feste Überzeugung - gerade in Deutschland diesem Zustand der vollkommenen und umfassenden anlasslosen Überwachung keinen Raum mehr bieten.

Zwei Diktaturen sollten uns Warnung genug sein, dass wir niemals mehr eine solche Ungerechtigkeit zulassen dürfen. Wir alle müssen für unsere Privatsphäre, für die Freiheit, so zu leben und zu denken, wie wir wollen, einstehen und kämpfen.

Die Gedanken sind frei.

Und das muss unsere Privatsphäre auch sein.

5.1.1 Praxis: Organisiere dich!

Es hilft schon viel, wenn jeder Einzelne für seine Privatsphäre und seine gedankliche Freiheit eintritt. Aber wenn wir dies gemeinsam mit Gleichgesinnten tun, können wir noch mehr erreichen.

Darum empfehle ich, Vereine wie *Digitalcourage*[i] oder den *Chaos Computer Club (CCC)*[ii] zu unterstützen. Beide engagieren sich stark für den Schutz der Privatsphäre.

5.2 Unsere Kreativität kann sich frei entfalten

„Logic will get you from A to Z; imagination will get you everywhere."
Albert Einstein

Nur in einem Raum, der uns ganz allein gehört, kann sich Kreativität entfalten. In einem geschützten Bereich, wo wir nicht beobachtet und bewertet werden, nur hier ist die freie Entfaltung von kreativen Ideen möglich. Wenn wir ständig das Gefühl haben,

---

[i] https://digitalcourage.de/
[ii] https://www.ccc.de/

auf Schritt und Tritt überwacht und beurteilt zu werden, würgt das jeglichen kreativen Impuls in uns ab. Oder wie hast du dich gefühlt, wenn du in der Grundschule im Deutschunterricht einen Aufsatz schreiben musstest? Es war nicht so toll, wenn der Lehrer dir ständig über die Schulter gelinst hat, oder?

So ähnlich, nur viel umfassender, stellt sich unser derzeitiges zunehmend digitalisiertes Leben dar. Wir stehen allenthalben im Fokus der Aufmerksamkeit. Mit dem Gedanken im Hinterkopf, dass uns jederzeit Jedermann korrigieren, kommentieren und bewerten kann, setzt die Schere der Selbstzensur ein. Wir beginnen dann sehr schnell damit, uns in unseren Möglichkeiten zu begrenzen.

Wie bereits ganz zu Anfang erwähnt, müssen neue Ideen im Geheimen entstehen. Die Öffentlichkeit unterdrückt ungewöhnliche Gedanken und kopiert lieber sattsam bekanntes. Wenn kein Raum für unpopuläre Ideen vorhanden ist, wird der Mainstream immer wieder in einer neuen Verkleidung hochstilisiert.

Das ist langweilig. Das bringt uns nicht weiter.

Wirklich Neues entsteht nur im Privaten. Wird aber eine neue Idee gleich an die Öffentlichkeit gezerrt, weil es einfach keine Privatsphäre mehr gibt, ist sie sofort dem Vergleich mit dem Mainstream ausgesetzt und hat hier nur, als junge, ungezähmte

Idee, wenig Kraft, sich zu entwickeln. Wächst sie jedoch in einem geschützten und geheimen Bereich der Privatsphäre heran, so ist sie kräftig genug, um sich freiwillig der Öffentlichkeit zu präsentieren. Die Unfreiwilligkeit der fehlenden Privatsphäre erstickt ungewöhnliche Ideen.

5.2.1 Praxis: Such dir ein kreatives Hobby

Egal, ob du anfängst zu kochen oder zu stricken, probiere neue Sachen aus. Mach Musik, spiel ein Instrument. Schreib einen Brief oder beginne einen Blog. Bastle oder lerne eine Sprache. Ganz egal was, die Hauptsache ist, dass du deiner Kreativität freien und ungezügelten (und unzensierten) Lauf lässt.

5.3 Mehr Ruhe

> *„Ich bin immer, auch im Leben, für Ruhepunkte.*
> *Parks ohne Bänke können mir gestohlen werden."*
> *Theodor Fontane*

Ruhe. Einfach mal in Ruhe gelassen werden, ohne dass die halbe Welt weiß, was ich denke oder was ich gerade tue. Keine permanente Erreichbarkeit, always-on, 24/7, sondern einfach mal für mich sein.

Ich finde es entsetzlich, wenn ich sehe, dass Telekommunikationsanbieter wie *02* in ihrer Werbung ein noch mehr an Erreichbarkeit, ein noch mehr *on* sein propagieren, damit man auch mal *off* sein kann. Das ist entsetzlich: Mehr tun müssen, um weniger zu tun. Dann lasst uns doch einfach weniger tun. Ohne vorher noch mehr zu kaufen, liken, posten, chatten, tweeten, und, und, und ...

Bleibe mit deinen Gedanken, die niemanden etwas angehen, allein und betrachte ungestört die Welt (oder dich selbst). Kein ständiges Kommentieren, Posten, Abhören. Kein andauerndes Chatten, Liken, Einchecken und Status aktualisieren. Nur sein. In aller Ruhe und Beschaulichkeit. Das können wir deutlich besser erleben und gestalten, wenn wir es im Rahmen einer intakten Privatsphäre tun.

Schon Samuel D. Warren und Louis D. Brandeis haben in ihrem Essay *The Right to Privacy* 1890 das Recht auf Privatsphäre als *The Right To Be Let Alone*, also als das Recht, in Ruhe gelassen zu werden, definiert. Das hier ist also keine neue Idee, sie ist nur immer noch wichtig, wenn nicht noch wichtiger.

5.3.1 Praxis: Einfach mal abschalten

Um die Erfahrung zu machen, wie entspannend es in Ruhe sein kann, empfehle ich, ein Wochenende komplett offline zu verbringen. Kein Smartphone, kein Tablet, kein Rechner. Ein Buch lesen. Spazieren gehen. Die Natur und die Ruhe genießen. Freiheit in Reinform.

5.4 Mehr Gelassenheit

„Gelassenheit ist eine anmutige Form des Selbstbewußtseins. "
Marie Freifrau von Ebner-Eschenbach

Auch Gelassenheit setzt eine stabile Privatsphäre voraus. Hier gilt dasselbe, was auch für die Gestaltung von Ruhe zutrifft: Ständige Überwachung, dauerndes Alarmiert-Sein führt zu Unruhe, Nervosität und einem generellen Zustand von Anspannung. Ich stelle immer wieder fest, dass derjenige, der sich ständig an sein *Not-so-smart*-Phone klammert, zum einen keinen Halt in sich selbst hat und ein eher reizbarer und hibbeliger Zeitgenosse ist. Das genaue Gegenteil von entspannt und gelassen eben.

Das zeigt sich auch daran, dass die ganzen Müßiggänger und Freigeister eben sehr müßig und ganz schön frei von jeglichen digitalen Bedrohungen sind. Das beschreibt Tom Hodgkinson, Autor von *How To Be Free* sehr schön im Kapitel *Submit No More to the Machine, Use Your Hands*. Hier plädiert der Autor und bekennende Müßiggänger für die Vorzüge der altehrwürdigen Royal Mail gegenüber dem seelenlosen Medium E-Mail:

„It is also a joy to receive a real letter from a friend, perhaps with beermats, postcards and magazine cuttings tumbling out of it. Goodby, email, hello, Royal Mail. "

Müßiggang wird von der Gesellschaft negativ bewertet und schon von daher eher abgeurteilt oder gar unterbunden. Daher - und weil Müßiggang generell im Stillen, also in der Privatsphäre stattfindet - ist eine starke Privatsphäre eine Grundvoraussetzung für diese Art von Gelassenheit.

5.4.1 Praxis: Übe dich in Müßiggang

Schalte ab und zu einfach mal einen Gang runter. Lass dich einmal nicht von deinem Smartphone oder Fitness-Tracker herumkommandieren. Gehe Dinge langsam und in Muße an. Schreibe zur Abwechslung einen Brief oder eine Postkarte anstatt einer E-Mail oder einer WhatsApp-Nachricht.

5.5 Mehr Individualität

„Geh deinen Weg und lass die Leute reden."
Dante Alighieri

Ja, auch dies ist so offensichtlich, dass es leicht übersehen wird. Ohne Privatsphäre haben wir keine Individualität. Punkt. Wie soll das auch möglich sein? Das eigene Ich, das Selbstverständnis des eigenen Lebens, kann nur entstehen, wenn wir eine gut gepflegte und stabile Privatsphäre haben. Wir sind ansonsten so vielen Manipulationen und Bevormundungen ausgesetzt, dass wir gar keine eigene Persönlichkeit entwickeln können. Nicht alles über uns darf überall bekannt sein. Eigene Gedanken, eigene Ideen, ein eigener Kopf entwickelt sich nicht im Scheinwerferlicht der Öffentlichkeit. Hierzu bedarf es des Kerzenscheins der Heimlichkeit. Ganz nebenbei wird uns dies sogar in Artikel 2 des Grundgesetzes gewährt:

> *„Jeder hat das Recht auf die freie Entfaltung seiner Persönlichkeit, soweit er nicht die Rechte anderer verletzt und nicht gegen die verfassungsmäßige Ordnung oder das Sittengesetz verstößt."*

Es klingt seltsam, zu sagen, dass die Stärkung deiner Privatsphäre die Gesellschaft als Ganzes stärkt. Aber es ist tatsächlich so, denn eine gesunde und starke Gesellschaft besteht aus selbstbewussten, informierten und klugen Individuen. Nur eine solche starke Gesellschaft aus selbstständig denkenden Einzelwesen verhindert einen totalitären Staat, wie wir es in unserer Geschichte bereits zweimal leidvoll erfahren haben.

Eine Gesellschaft braucht viele unterschiedliche und auch ganz abgefahrene Ideen, um nicht vollkommen eintönig und eingefahren zu werden. Wenn wir alles auf Überwachung, Unterdrückung und Obrigkeitsdenken aufbauen, wenn Angst regiert, dann reicht es wirklich, eine Horde von rückenmarksgesteuerten Befehlsempfängern haben. Eine solche Menge von Befehlsempfängern reicht dann aus, um wieder einen totalitären Überwachungsstaat zu schaffen. Aber wenn wir kreativ etwas Neues schaffen wollen, dann brauchen wir Privatsphäre für alle einzelnen Mitglieder dieser gesunden Gesellschaft.

5.5.1 Praxis: Stärke deine Individualität

Wie jedoch stärken wir unsere Individualität? Schließlich ist das - so sagt es das Wort schon - bei jedem unterschiedlich. Aber genau das ist auch der Reiz. Wir alle haben die Möglichkeit und die Fähigkeit, uns eigenständig zu entwickeln. Wir müssen nicht beständig rebellieren, aber wir sollten hin und wieder ganz auf uns hören. Das ist schon der Beginn unserer Individualität. Ab und zu innehalten und auf unser Bauchgefühl hören. Und dann auch einmal etwas tun, was die Gesellschaft nicht von uns erwartet. Denn wenn wir entgegen der Erwartungen der anderen handeln, rütteln wir mit diesem Ausdruck von Individualität auch gleich noch die anderen wach.

5.6 Entwicklung

„Es ist nie zu spät, das zu werden, was man hätte sein können."
George Eliot

Neben der Entfaltung der eigenen Eigenart finden auch Wachstum, Wandel und Entwicklung nur im heimlichen Raum der Privatsphäre statt. Das bringt Stephen Fearing in seinem Song *Me & Mr. Blue* schön zum Ausdruck:

„Changes always happen best in privacy".

Wenn wir jedoch überwacht werden und unsere Privatsphäre immer weiter eingeschränkt wird, ist für uns keine Entwicklung mehr möglich. Wir werden blasse Kopien der vermeintlichen Idealvorstellungen, die uns durch Medien, Werbung und die allgemeine Meinung vorgehalten werden. Wir werden durch die Manipulationen von Gesellschaft, Regierung und Unternehmen zu einem immer leichter steuerbaren, „funktionierenden" Roboter umgeformt. Um dem zu Entkommen, brauchen wir den Schutz einer stabilen Privatsphäre, in der eine manipulationsfreie Entwicklung stattfinden kann.

5.6.1 Praxis: Bilde dich weiter

Bilde dir eine eigene Meinung. Laufe nicht unreflektiert den Anderen hinterher. Bahne dir deinen eigenen Pfad, anstatt ausgetretenen Pfaden zu folgen.

Ich behaupte nicht, dass das einfach ist. Aber ich bin aus eigener Erfahrung fest davon überzeugt, dass dieser Weg der Bessere ist. Individuell zu sein bedeutet auch nicht, gegen Jeden und Alles zu rebellieren. Aber individuell zu sein bedeutet, für sich selbst zu denken und eigene Ideen und Erfahrungen zu bilden. Dabei ist es essentiell wichtig, dass wir uns mit neuem - vielleicht auch widersprüchlichem Gedankengut auseinandersetzen. Entwicklung bedeutet immer auch, aus unserer Komfortzone auszubrechen und bisher unbekannte Ideen zu ergründen, neue Erfahrungen zu sammeln und bislang noch nicht bereiste Gegenden zu erkunden. Wenn wir nur bis dato Bekanntes sehen, dann bleiben wir in unserer Wohlfühlzone, in unserer eigenen Filterblase stecken. Es ist dabei auch wichtig, neue Quellen der Erkenntnis zu suchen und andere Menschen zu befragen. Menschen unterschiedlicher Herkunft und Kultur bringen uns auf neue Ideen. Daher ist es wichtig, verschiedene Informationsquellen zu nutzen. Wesentliches Element dieser neuen Eindrücke ist die Reflexion über das neu Erfahrene. Ich kann entscheiden, ob ich das neu erfahrene in mein Leben integriere, oder ob ich es ablehne - wichtig ist jedoch, dass ich mich Neuem gegenüber offen gezeigt habe.

Nutze dazu unterschiedliche Möglichkeiten:
- Lies Bücher aus der Bibliothek
- Besuche Kurse an einer Volkshochschule
- Unterhalte dich mit älteren Mensch und lerne aus deren Erfahrung

Schütze dich vor Manipulation durch Internetkonzerne. Setze dazu zum Beispiel *Privacy Badger* ein

Suche mit Suchmaschinen, die die Suchergebnisse nicht vorfiltern: *startpage, unbubble oder Metager*

5.7 Freier Wille

„Sei aber nicht gar zu sehr ein Sklave der Meinungen, welche Andere von Dir hegen. Sei selbstständig. Was kümmert Dich am Ende das Urteil der ganzen Welt, wenn Du tust, was Du nach Pflicht und Gewissen und nach Deiner redlichen Überzeugung tun sollst?"
Adolph Freiherr Knigge

Wenn alles über uns bekannt ist, wenn jede unserer Entscheidungen öffentlich gemacht ist und wir vollkommen transparent sind, dann haben wir auch keine Möglichkeit mehr, uns frei zu entscheiden. Byung-Chul Han erläutert diesen Gedanken ausführlich in seinem Essay *Transparenzgesellschaft*. Darin führt er aus, dass vollkommene Transparenz nicht zu Freiheit, sondern im Gegenteil zu vollkommener Kontrolle führt.

Wenn wir uns nur noch an Recht und Gesetz halten können, weil jede unserer davon abweichenden Handlungen als falsch verurteilt und entsprechend geahndet wird, nimmt uns dies unseren freien Willen. Eine Handlung, die nur in dieser Form ausgeführt wird, weil wir wissen, dass wir überwacht werden, verliert jeden Anspruch daran, gut zu sein.

Die Entscheidung, ob etwas richtig oder falsch ist, liegt in unserem eigenen Ermessen und nicht darin, ob die Gesellschaft sie als richtig oder falsch festlegt. Wird uns dieser Ermessensspielraum dadurch genommen, dass wir keine Privatsphäre mehr haben, um diesen Ermessensspielraum auszuloten, dann verlieren wir auch unseren freien Willen und werden zu reinen Befehlsempfängern degradiert. Wir sollten unseren freien Willen trainieren wie einen Muskel. Wenn wir beständig unreflektiert allem zustimmen, was uns von Politik und Gesellschaft vorgesetzt wird, dann verlieren wir die Fähigkeit, frei zu entscheiden. Eigene, starke und klare Entscheidungen helfen uns dabei, unseren freien Willen zu stärken. Es geht dabei nicht darum, „unseren Kopf" durchzusetzen. Das Ziel sollte sein, dass wir wieder lernen, klar zu denken und entsprechend klar zu handeln. Rolf Dobelli hat in seinem Buch *Die Kunst des klaren Denkens* sehr gute Ideen und Hinweise, wie wir wieder zu einem kritischen und klaren Denken zurückfinden. Erst wenn wir klar denken, können wir auch kritisch denken und so unseren freien Willen äußern und leben.

5.7.1 Praxis: Stärke deinen freien Willen

Versuche, in den nächsten drei Wochen zu deinen Gewohnheiten und zu den Meinungen, zu denen du unreflektiert zustimmen würdest, eine Gegenposition zu finden. Es geht nicht darum, unbedingt diese Gegenposition für dich anzunehmen. Ziel soll sein, dass du dich frei für eine Seite *entscheidest*. Nicht aus Gewohnheit, sondern weil du dich mit der Situation oder Meinung auseinandergesetzt und diesen Standpunkt klar durchdacht hast.

5.8 Schutz vor Manipulierbarkeit

„Diejenigen, die dich dazu bringen können, an das Unwahrscheinliche zu glauben, sind auch in der Lage, dich zu Greueltaten zu überreden."
Voltaire

Unsere Privatsphäre ist auch ein stabiler Schutzwall gegen die immer stärker zunehmende Manipulation unseres Lebens, unserer Entscheidungen. Datensammler versuchen, unsere Privatsphäre immer stärker einzuschränken, damit sie immer genauere Profile von uns erstellen können. Diese Profile geben mehr und bessere Ansatzpunkte, um uns zu manipulieren. Wenn wir jedoch unsere Privatsphäre stärken, indem wir weniger über uns preisgeben, schützen wir uns vor diesen Manipulationsversuchen. Die Manipulation durch Internetkonzerne findet auf sehr subtile Weise statt. So sorgen Cookies dafür, dass unser Surfverhalten über alle von uns besuchten Webseiten verfolgt wird. Dadurch ist es möglich, dass uns immer und immer wieder das vermeintlich zu unserem Profil passende Produkt angeboten wird. Wenn wir auf allen von uns besuchten Seiten ständig dasselbe Produkt angeboten bekommen, werden wir nach und nach „weichgekocht".

Eine weitere, noch perfidere Art der Manipulation ist, dass uns im Namen unserer „Freunde" bei sozialen Plattformen ein Artikel empfohlen wird. Wir Menschen tendieren dazu, die Empfehlung, die von einem bekannten Menschen kommt, höher einzuschätzen, als eine Empfehlung eines unbekannten oder neutralen Vermittlers.

5.8.1 Praxis: Setze Werkzeuge zum Schutz gegen Tracking ein

Wir können uns gegen diese Form von Manipulation zur Wehr setzen, indem wir Add-ons für unsere Browser verwenden. Add-ons sind kleine Programme, die die Funktionalität des Browsers erweitern. In diesem Fall sind es Schutzwerkzeuge, die uns gegen die Verfolgung von Internetkonzernen schützen. Dazu gehören *Privacy Badger* von der Electronic Frontier Foundation (EFF) und *uBlock Origin* zum Schutz vor unerwünschter Werbung. Gerade gegen Tracking im Internet brauchen wir Werkzeuge, die uns unterstützen. Internetkonzerne arbeiten kontinuierlich daran, uns auf neue Arten im Internet zu verfolgen und manipulierbar zu machen. Das Bewußtsein zu haben, dass dies geschieht, ist schon ein wesentlicher Schutz, aber die hintergründige und oft sehr subtile Verfolgung zu bekämpfen, dazu benötigen wir die technische Unterstützung solcher Add-ons.

6. Permakultur der Privatsphäre - digitale Gärtnerei

„ Vigilia pretium libertatis "[i]
Supreme Headquarters Allied Powers Europe

Was ist Permakultur, und was hat sie mit dem Schutz meiner Privatsphäre zu tun?

Schauen wir zunächst bei Wikipedia nach. Dort finden wir die folgende Definition:

> *„Permakultur ist ein Konzept, das auf die Schaffung von dauerhaft funktionierenden, nachhaltigen und naturnahen Kreisläufen zielt. "*[ii]

Die Permakultur ist zunächst als nachhaltiger Gegenentwurf zur industriellen Landwirtschaft mit ihrer zunehmenden Tendenz zu Monokulturen entstanden. Die beiden Initiatoren der Permakultur, die Australier Bill Mollison und David Holmgren, „entdeckten" den biologischen Landbau neu und förderten diesen in Australien.

Der Bezeichnung *Permakultur* fasst die beiden Begriffe *permanent* und *Agrikultur* zusammen und wurde bereits 1911 von dem amerikanischen Agrarwissenschaftler Franklin Hiram King verwendet. Doch erst 1981 wurde David Holmgren für seine

---

[i] Wachsamkeit ist der Preis der Freiheit
[ii] https://de.wikipedia.org/w/index.php?title=Permakultur&oldid=159566692

Arbeit zur *Permakultur* mit dem *alternativen Nobelpreis* ausgezeichnet.

Die *Permakultur* entwickelte sich davon ausgehend weiter als holistischer und integrativer Ansatz, der weit über die reine Landwirtschaft hinausging. So werden heute Ansätze der *Permakultur* auch in der Architektur, der Stadtplanung, der Energieversorgung und der Softwareentwicklung umgesetzt.

Ausgehend von diesen Entwicklungen ist mein Ansatz, die *Permakultur* auch für den Schutz der Privatsphäre umzusetzen.

Damit will ich eine dauerhaft funktionierende, nachhaltige Sicherung meiner Privatsphäre erreichen. Das naturnahe, was noch in der Definition angesprochen wird, sehe ich darin gegeben, dass mein Ansatz zum Schutz der Privatsphäre nicht auf dem Einsatz weiterer Softwarewerkzeuge basiert, sondern darin, dass wir wieder lernen, mit gesundem Menschenverstand an unsere Kommunikation und den Schutz unserer Daten heranzugehen.

Ja, und in Kreisläufen? Der Schutz unserer Privatsphäre ist ein dauerhafter Prozess. Wir müssen immer wieder neu prüfen, welche Verfahren wir einsetzen und wie wir diese Verfahren einsetzen. Wir müssen stets wachsam bleiben und uns weiterbilden.

Der Idee der *Permakultur* liegen zwölf Muster zugrunde, die von David Holmgren in seinem Buch *Permaculture: Principles and Pathways Beyond Sustainability* genannt und erklärt werden.

In den folgenden Kapiteln stelle ich diese Grundmuster der *Permakultur* vor und übertrage sie entsprechend ihrer Tauglichkeit für den Schutz der Privatsphäre auf unsere Anforderungen.

Wir setzen auf langsame und langfristige Lösungen. Wir ziehen den langsamen Wandel unserer Denkweise einer kurzfristigen technologischen Lösung vor. Wir setzen auf allgemeine und etablierte Protokolle, anstelle von geschlossenen, proprietären Insellösungen.

Der nachhaltige Schutz der Privatsphäre steht im Mittelpunkt unseres Handelns, nicht die unbedingte technische Machbarkeit von Echtzeitkommunikation und virtueller Vernetzung.

Die Werkzeuge, die wir nutzen, um miteinander zu kommunizieren, sollten wir wieder als das Erkennen, was sie sind - eben nur Werkzeuge, nicht die Statussymbole, zu denen wir sie mittlerweile erhoben haben.

Betrachten wir im Folgenden die einzelnen Grundsätze der Permakultur und wie wir sie für den Schutz unserer Privatsphäre und unserer Freiheit nutzen können.

6.1 Nutze und reagiere kreativ auf Wandel

„Come gather 'round people
Wherever you roam
And admit that the waters
Around you have grown
And accept it that soon
You'll be drenched to the bone
If your time to you
Is worth savin'
Then you better start swimmin'
Or you'll sink like a stone
For the times they are a-changin'. "
Bob Dylan

Den ersten Grundsatz, den ich hier auf seine Tauglichkeit für den Schutz der Privatsphäre beleuchte, ist

„Nutze und reagiere kreativ auf Wandel ".

Dabei geht es darum, nicht in der eigenen Entwicklung stehen zu bleiben. Wir müssen stets achtsam auf sich ändernde Umgebungen und Anforderungen reagieren. Das trifft umso mehr auf ein so schnell wachsendes und wechselndes Gebiet wie das der digitalen Kommunikation zu.

Es herrscht ein schleichender und - wenn wir nicht achtsam sind - unmerklicher Wandel. Ein Wandel, der uns nach und nach unserer Privatsphäre beraubt, indem wir immer stärker überwacht werden und indem unsere Kommunikation immer umfänglicher gespeichert und ausgewertet wird. Damit wir weiterhin sicher und frei leben können, sollten wir kreativ auf diesen Wandel reagieren. Es hilft nicht, wenn wir jetzt kopflos und panisch unser gesamtes Leben umkrempeln. Wir müssen gelassen bleiben und den Wandel selbst als Chance nutzen, damit wir aus ihm heraus unsere Privatsphäre stärken können.

Den Wandel an sich werden wir nicht aufhalten können, daher sollten wir die geänderte Situation nutzen und lernen, das Beste daraus zu machen. Dagegen anzukämpfen ist eine Verschwendung von Kraft und Ressourcen. Ihn zu beklagen, hilft auch nicht. Wir sollten ihn aktiv begleiten und im Idealfall sogar mitgestalten. Ich bin mir sicher, dass jeder das in seinem Rahmen tun kann. Wir müssen dazu nicht alle Informatiker sein. Aber es liegt an uns, den Wandel durch die Wahl der Kommunikationsmittel, der politischen Unterstützung von sicherer digitaler Kommunikation oder auch durch die Nutzung von sicheren Alternativen in die gewünschte Richtung zu lenken.

Der Wandel gibt uns die Gelegenheit, unsere Situation neu zu bewerten und jetzt neue Dinge zu lernen, neue Verhaltensweisen zu etablieren. Wenn wir unsere Verhaltensweisen neu ausrichten, können wir damit unsere Privatsphäre stärken.

Wandel ist etwas Wunderbares und Gutes und letztendlich ist Wandel das einzig Beständige in unserem Leben. Daher noch einmal mein nachdrücklicher Aufruf: Lasst uns diesen Wandel nutzen, damit diese schreckliche, auf Angst und Machterhalt basierende Einschränkung unserer Privatsphäre, zu unserem Vorteil wird. Fort von dem Weg zu immer mehr Kontrolle und weniger Privatsphäre zurück zu mehr Vertrauen und Freiheit.

6.1.1 Praxis: Nutze sichere Kommunikationswege

Gestalte den Wandel mit, indem du dich aktiv für sichere, dezentrale und offene Kommunikationswege entscheidest. Setze zum Beispiel auf Protokolle wie XMPP.

XMPP, das eXtensible Messaging and Presence Protocol, geht in Sachen Kommunikation einen gänzlich anderen Weg als Messenger, die – wie WhatsApp und auch Signal – sich als Identifikator an ein bereits bekanntes und meist bereits mit uns verknüpftes Merkmal hängen: unsere Mobilfunknummer.

XMPP bindet sich weder an einen Identifikator, über den wir durch die Vorratsdatenspeicherung erfasst werden, noch läuft die Kommunikation von XMPP über einen zentralen Server, über den unsere Kommunikation im ungünstigsten Fall abgegriffen werden könnte.

XMPP ist ein eigenes Protokoll mit einer vom Mobilfunk

getrennten Systematik.

Das XMPP-Netz besteht aus dezentral verteilten XMPP-Servern, welche die Kommunikation weiterleiten. Die Identifikation bei XMPP besteht aus der JID, der Jabber ID. Diese ist aufgebaut wie eine E-Mail-Adresse und ermöglicht die Kommunikation im XMPP-Netz auch über unterschiedliche Clients hinweg. Das ist nebenbei noch ein weiterer Vorteil von XMPP: Als Nutzer sind wir nicht an einen Anbieter gebunden.

Mit diesem offenen System von Instant Messengern sind wir frei in der Wahl unserer Endanwendungen. Wo Kurznachrichtendienste wie WhatsApp, iMessage oder Facebook Messenger darauf angewiesen sind, dass alle Kommunikationspartner genau *diesen* Dienst ebenfalls verwenden, ist es dem Anwender bei XMPP freigestellt, welche Anwendung er nutzt - solange diese eben das Protokoll unterstützt.

Bei XMPP kommen zu den vier klassischen Schutzzielen der Kryptografie[i]
- Vertraulichkeit: Nur berechtigte Personen können Daten lesen / modifizieren
- Integrität: Die Daten sind nachweislich vollständig und unverändert
- Authentizität: Der Urheber der Daten ist eindeutig identifizierbar und

---

[i]   Die Wissenschaft der Verschlüsselung von Informationen.

- Verbindlichkeit: Der Urheber kann die Urheberschaft der Daten nicht abstreiten

noch die folgenden Ziele hinzu:

- Abstreitbarkeit: Scheint im Widerspruch zur Verbindlichkeit zu stehen, ist aber notwendig, um verhindern zu können, dass bewiesen wird, dass zum Zeitpunkt X Person A mit Person B in Kontakt stand.
- Folgenlosigkeit (auch Perfect-Forward-Secrecy): Selbst wenn die Kommunikation abgefangen und später auch der Schlüssel dazu gestohlen wird, kann die Kommunikation nicht entschlüsselt werden. Durch den Einsatz von Future Secrecy kann verhindert werden, dass ein abgefangener Schlüssel zukünftige Kommunikation entschlüsselt.
- Open Source: Das XMPP-Protokoll ist vollständig quelloffene Software. Das ist ein wesentliches Merkmal von sicherer kryptografischer Software. Denn nur quelloffene Software kann auf mögliche Schwachstellen oder Hintertüren hin überprüft werden.
- Vermeidung von Metadaten: Überwachung unserer Kommunikation und damit die Einschränkung unserer Privatsphäre geschieht größtenteils über die Metadaten, die durch die Kommunikation anfallen. Metadaten sind z. B. die Daten darüber, **wer, wann, wie lang, mit wem** und **über welches Medium** kommuniziert hat. Bei der Verwendung von XMPP werden diese Metadaten jedoch vermieden.
- Dezentralisierung: XMPP baut auf ein verteiltes Netzwerk auf. Dadurch wird verhindert, dass die gesamte Kommunikation über

ein zentralen - und damit leicht überwachbaren - Server geleitet wird.

6.2 Nutze Grenzen, und lerne Grenzbereiche zu schätzen

„Alle Schranken sind bloß des Übersteigens wegen da."
Novalis

Wie stelle ich mir nun vor, beim Schutz der Privatsphäre Grenzen zu nutzen und Grenzbereiche schätzen zu lernen?

Kurz gefasst habe ich die folgende Idee: Renn nicht der Herde hinterher. Das Problem von Mainstream ist, dass das halt so viele machen. Und weil es so viele machen, werden diese vielen auch das Ziel von vielen Angreifern.

Es ist einfacher, mit einem Schleppnetz zu fischen, als mit einer Angel.

Und um diese Analogie weiterzutreiben: Wenn du am Rand des Schwarms oder gar außerhalb davon schwimmst, bist du deutlich beweglicher, freier und nicht so sehr im Fokus der Angreifer.

Mit der Idee der Ausnutzung von Grenzbereichen übertrage ich diese Analogie jetzt auf den Schutz der Privatsphäre und bewege mich zukünftig in Grenzbereichen und mache mir Grenzbereiche zu Nutzen. Dies mag auf den ersten Blick als Widerspruch erscheinen zum in Kapitel „4.6.1 Praxis: Tor einsetzen" erwähnten „Eintauchen in den Schwarm anonymer Tor-Nutzer". Es ist tatsächlich aber kein Widerspruch - denn schon die Verwendung von Tor ist der *Grenzbereich*, den ich mir zunutze mache. Die Schwarm-Anonymität von Tor ist eine der Grundvoraussetzungen für die Wirksamkeit des Tor-Netzwerkes.

6.2.1 Praxis: Geh deinen eigenen Weg & beweg dich an der Grenze

Ich weiß, es ist immer schwierig, sich Gruppenzwang zu entziehen und nicht die tollen „kostenlosen" Versprechungen der digitalen *Überall-und-alles-gleichzeitig*-Welt zu verfallen. Aber es lohnt sich, selbst zu denken und zu entscheiden, ob ich in dem digitalen Schwarm mitschwimmen will. Es hat seinen Preis, wenn ich meine Daten den großen Datenschleppnetzbetreibern schenke.

Grenzen zu nutzen heißt nicht, komplett auszusteigen. Denn es gibt Alternativen, die die Angreifer nicht auf dem Schirm haben - einfach aus dem Grund, weil die Kosten-Nutzen-Analyse zu schlecht ausfällt. Es ist aufgrund der großen Menge an Windows-Systemen viel komfortabler, Windows-Systeme anzugreifen. Die viel kleinere Menge der User von Linux-Systemen ist einfach uninteressant (abgesehen davon ist es tatsächlich schwieriger, diese Systeme zu kompromittieren). Das Gleiche gilt auf Smartphone-Ebene für Android. Hier ist Android der Platzhirsch, also lohnt es sich für den auf Privatsphäre *und* Sicherheit bedachten User, weniger genutzte Alternativen zu suchen.

Verlass dich nicht vollkommen auf das eine System, das am schönsten schillert, denn das hat auch das größte Datenschleppnetz hinter sich. Bring dich lieber in die Lage, ein Grenzgänger zu sein, und nutze verschiedene Dienste - und die alle nur am Rande. Damit bist du nicht im Schwarm gefangen und hast die Möglichkeit, viel besser auf ein sich zuziehendes Datenschleppnetz zu reagieren. Verwende für unterschiedliche Aufgaben verschiedene Lösungen. Linux ist mittlerweile viel mehr als nur ein System für Nerds. Für klassische Computeraufgaben wie das Verfassen von Dokumenten, das Erstellen von Präsentationen, E-Mails und Internetrecherche bieten die verschiedenen Linux-Distributionen schon hervorragende fertig konfigurierte Systeme. Die Installation läuft mittlerweile sogar schneller und problemloser als bei Windows.

Bekannte Linux-Distributionen sind unter anderem:
- Ubuntu
- Fedora
- openSUSE

6.3 Lerne Vielseitigkeit schätzen und nutze sie

„Wenn Du immer wieder das tust, was Du immer schon getan hast, dann wirst Du immer wieder das bekommen, was Du immer schon bekommen hast. Wenn Du etwas anderes haben willst, musst Du etwas anderes tun! Und wenn das, was Du tust, Dich nicht weiterbringt, dann tu etwas völlig Anderes – statt mehr vom gleichen Falschen!"
Paul Watzlawick

Dieses Kapitel lässt sich in drei Wörtern zusammenfassen:

Betreibe keine Monokultur.

Was meine ich damit?

Setz nicht alles auf eine Karte. Sei vielseitig. Verteile deine digitale Gunst auf mehrere Anbieter, die um deine Datenpfründe buhlen.

Wenn du alle deine Daten, Dienste und Zugänge bei einem einzelnen Internetkonzern beherbergst, so bist du zum einen alle deinen Daten auf einen Schlag los, sollte dieser Anbieter kompromittiert werden. Und auch wenn dieser Anbieter nicht das Opfer eines Datendiebstahls wird, so weiß dieser Dienst einfach zu viel über dich, schon dadurch, dass du alle deine Daten, Bilder, Dokumente und Passwörter dort lagerst. Was aber noch erschwerend hinzukommt, ist, dass die Internetkonzerne unsere Bequemlichkeit ausnutzen.

Mittlerweile gibt es einige Dienste, darunter z. B. Facebook und Google, die anbieten, dass du dich - ganz bequem - über ihren Dienst bei weiteren Diensten anmelden kannst. Ganz einfach. Und ganz einfach wissen jetzt auch Facebook und Google, was du sonst noch so digital und datentechnisch treibst. Denn du hast ihnen gewissermaßen deinen Zugang geschenkt.

Praktisch für die Internetkonzerne, um noch mehr Daten von dir zu korrelieren.

Darum sei divergent, was deine Datenhaltung angeht. Verteile deine Daten und halte die verschiedenen Dienste, die du nutzt, strikt getrennt.

Dieses Vorgehen hat noch einen angenehmen Nebeneffekt: Du entdeckst Neues und bewegst dich außerhalb deiner bekannten Kreise. Es hält dich, quasi ganz nebenbei, geistig rege, weil du verschiedene Vorgehensweisen und Ansätze kennenlernst. Und wer weiß, vielleicht ist ja deine ursprünglich gewählte Nummer Eins im Bereich digitale Dienste plötzlich gar nicht mehr so toll. In diesem Fall hast du bereits einige alternative Angebote im Blick oder sogar schon in deinem Datenportfolio parat.

Die gleiche Idee gilt übrigens auch für deine gewählte Hardware. Setze auch hier auf Vielseitigkeit. Klar ist es unglaublich bequem, wenn du alles aus der Produktpalette eines Anbieters, z. B. Apple, beziehst. Aber auch hier gilt, gib nicht so viel Macht in eine Hand. Du machst dich damit nicht nur vollständig von einem Hersteller abhängig, sondern du machst dich diesem Hersteller gegenüber auch unnötig datennackt.

Der *Lock-in-Effekt*[i], also die Kundenbindung durch hohe Wechselkosten zu einem anderen Anbieter, wird immer stärker auch in anderen Bereichen als der „reinen" Computerindustrie ausgenutzt. In der IT sehen wir dieses Prinzip bei Plattformen wie Facebook oder Google, die keine offenen Schnittstellen und Formate bieten, um die Daten und Kontakte, die wir dort speichern, leicht zu Konkurrenten zu transferieren. Auch Hardware-Hersteller wie Apple schaffen dies durch sehr komfortabel miteinander operierende Endgeräte, sodass die Bequemlichkeit der Bedienung es dem Anwender schwermacht, auf alternative Anbieter zu wechseln. Hersteller von Druckern zwingen den Kunden, wie bereits zu Beginn erwähnt, Verbrauchsmaterial wie Druckerpatronen nur direkt beim Originalhersteller zu beziehen, indem sie softwaretechnisch verhindern, dass günstigere Alternativen mit dem Drucker zusammenarbeiten. Wenn wir an dieser Stelle als Kunden nicht sehr kritisch und aufmerksam sind, werden Unternehmen diesen

---

[i] https://de.wikipedia.org/w/index.php?title=Lock-in-Effekt&oldid=159482818

Lock-in-Effekt zukünftig noch stärker und deutlich zu unserem Nachteil ausnutzen.

Setze auch hier auf verschiedene Konzepte und Hersteller und werde der wunderbaren Vielseitigkeit menschlichen Erfindungsreichtums gewahr.

6.3.1 Praxis: Setze auf heterogene Lösungen

Mein Tipp an dieser Stelle ist, dass du heterogene Lösungen verwendest. Nutze beispielsweise einen Mac von Apple als deinen Desktop-Computer, dafür verwendest du aber ein Smartphone mit Android von Google als mobile Lösung.

Wenn du deine Freunde bei Facebook kontaktierst, nutze nicht WhatsApp (das auch zu Facebook gehört) als Messenger, sondern verwende das freie System Signal (achte dabei auf die immer noch bestehende Identifikations-Bindung an deine Handynummer) oder nutze einen Messenger aus dem XMPP-Umfeld, z. B. Conversations.

6.4 Nutze kleine und langsame Lösungen

„Die Schnecke kann dir mehr vom Weg erzählen als der Hase."
Weisheit aus China

Wir sollten uns beim Schutz unserer Privatsphäre darauf einstellen, Alternativen zu schnellen und technischen Lösungen zu suchen. „Kleine und langsame Lösungen" haben den Vorteil, dass sie zumeist deutlich nachhaltiger sind als unüberlegte Schnellschüsse. Während langsam hierbei als Synonym für nachhaltig steht (und nicht für einen Mangel an Performanz der genutzten Systeme) soll klein auf eine Lösung abseits des Massenmarkts hinweisen.

Da mir der Wandel in der Wahrnehmung unserer Privatsphäre und dem Schutz unserer Daten grundlegend wichtig ist, und so ein Wandel nicht von heute auf morgen gelingt, bin ich der Ansicht, dass eine langsame Lösung der richtige Ansatz ist. Langsame Lösungen einzusetzen, bedeutet zwar einerseits, dass diese Lösung etwas längere Zeit für ihre Umsetzung benötigt, aber andererseits ist sie auch von größerer Dauer. Leider leben wir in einer schnellen und kurzlebigen Zeit, in welcher der Fokus auf schneller Umsetzung, ständiger Verfügbarkeit und hoher Geschwindigkeit liegt. Da sind Ideen, die auf Langsamkeit setzen, eher unpopulär. Die Probleme, die wir uns jedoch mit schnellen und kurzfristigen Lösungen immer wieder schaffen, entstehen daraus, dass auch die

Entwicklung dieser schnellen Lösungen oft zu schnell geht. Dabei werden dann oft „nebensächliche" Punkte wie Sicherheit und Datenschutz vernachlässigt. Oder es werden die Auswirkungen dieser schnellen Lösungen nicht in Betracht gezogen, was dann zusammen mit der vernachlässigten Sicherheit zu noch größeren Problem führt. Zu oft erzeugt man, indem man versucht, ein Problem schnell zu beheben, einfach neue und meist noch größere Probleme.

Langsame Lösungen versuchen hingegen, die Ursache eines Problems zu beheben, nicht seine Auswirkung. Damit wird oft das Problem selbst dauerhaft beseitigt.

Für unsere Privatsphäre und den Schutz unserer Daten umgesetzt bedeutet das, dass wir uns darauf konzentrieren sollten, was wir erreichen wollen. Wollen wir eine Plattform, um uns für die ganze Welt sichtbar zu machen, oder wollen wir doch eher nur einem fest definierten Kreis von Menschen unsere Daten offenlegen? Wollen wir mit der ganzen Welt reden, oder nur mit ausgesuchten Kommunikationspartnern?

6.4.1 Praxis: Protokolle statt proprietärer Lösungen

Ein Ansatzpunkt für den Einsatz kleiner und langsamer Lösungen besteht darin, dass wir uns darauf zurückbesinnen, was wir erreichen wollen.

Wenn wir eine sichere Kommunikation wollen, dann sollten wir uns auf etablierte Systeme wie OpenPGP stützen. Diese kryptografische Implementierung ist ausführlich und offen diskutiert und kritisch entwickelt worden. Proprietäre[i] Verschlüsselungen hingegen sind nicht in dieser Form von einer breiten Expertise getragen. Offen entwickelte Protokolle unterliegen schon während der Entwurfsphase der kritischen Beobachtung einer breiten Expertengruppe. Es hat sich in der Vergangenheit zwar gezeigt, dass Protokolle, die auf diese Weise entwickelt werden, bisweilen sehr lange brauchen, bis sie für den Einsatz freigegeben werden. Dafür sind diese Protokolle dann auch belastbarer in der Anwendung. Ein geschlossenes System, welches im Gegensatz dazu nicht offen und transparent entwickelt wird, hat diesen rigiden Entwicklungsweg nicht durchschritten und ist somit anfälliger für Ungenauigkeiten in der Definition. Derartige Ungenauigkeiten bieten anschließend häufig Angriffsflächen für diese intransparent entwickelten Systeme.

---

[i] Bei Software: Im Besitz eines Unternehmens befindlich entwickeltes System. Im Gegensatz zu öffentlich standardisiert.

Ich empfehle, weiterhin offene Protokolle und Systeme wie E-Mail zu verwenden, anstatt die Kommunikation auf geschlossene Netze wie proprietäre Chatsysteme zu setzen. Die Offenheit eines Systems gibt deutlich einfacher die Möglichkeit, das System zu wechseln. Dies ist bei geschlossenen Netzen nur mit großem Aufwand möglich.

6.5 Lerne, wiederverwendbare Ressourcen und Dienste zu schätzen, und nutze diese

„Nie kommt es auf eine Technik an, sondern immer nur auf denjenigen, der die Technik handhabt, auf den Geist, in dem sie gehandhabt wird."
Viktor Frankl

Die wiederverwendbare Ressource, die hier gemeint ist, ist unser Bewusstsein, dass wir überwacht werden und mit immer stärker zunehmender Bequemlichkeit, die wir uns gönnen, immer mehr Privatsphäre aufgeben. Schon wenn wir uns bewusst machen und vor Augen behalten, dass wir im Alltag unserer digitalen Kommunikation überwacht werden, hilft uns das, gegen die Überwachung vorzugehen.

Neben unserem Bewusstsein als wiederverwertbarer Ressource sollten wir uns auch auf bereits etablierte Technologien zurückbesinnen. Wir brauchen das technologische Rad nicht ständig neu zu erfinden und die innovative Daumenschraube immer stärker anzuziehen. Es hilft auch durchaus, einfach wieder Gelassenheit und Ruhe in unser Tun zu bringen.

Wir haben bereits alle Hilfsmittel und technischen Spielereien, um sicher und ohne überwacht zu werden digital zu kommunizieren und unsere Privatsphäre ungestört leben zu können. E-Mail ist eine solche etablierte Technologie, die im Zuge der immer schneller voranschreitenden Neuentwicklung langsam bereits wieder in Vergessenheit gerät. Dabei bietet gerade E-Mail mit seinen allgemeinen Protokollen gute Grundlagen, um unsere Privatsphäre zu schützen. E-Mail ist zwar nicht in erster Linie auf Sicherheit ausgelegt, aber auf Basis von PGP[i] bekommt man die sichere und bereits gut etablierte Möglichkeit, seine Kommunikation via E-Mail abzusichern.

6.5.1 Praxis: Verschlüssle deine E-Mails

Es ist nicht aufwendiger, E-Mails verschlüsselt zu versenden und zu empfangen als es unverschlüsselt zu tun. Der einmalige Aufwand, um eine Verschlüsselung basierend auf (Open)PGP zu erstellen, ist weniger hoch, als es zunächst scheint. Der folgende Einsatz ist ebenso problemlos wie ohne Verschlüsselung. Der maßgebliche Zusatzaufwand im Zusammenhang mit verschlüsselten Mails besteht darin, dass wir als Teilnehmer an diesem System aktiv daran mitarbeiten müssen, um es populärer zu machen. Denn wir können nur verschlüsselt mailen, wenn alle beteiligten Kommunikationsparteien daran teilnehmen. Bei der Verschlüsselung mit (Open)PGP benötigen wir zwei unterschiedliche Schlüssel: einen privaten und einen öffentlichen. Diese zwei zueinander passenden Schlüssel nennt man

---

[i] Pretty Good Privacy

Schlüsselpaar. Dieses Verfahren mit unterschiedlichen Schlüsseln - einem privaten und einem öffentlichen - nennt man *asymmetrische Kryptografie.* Mit unserem privaten Schlüssel können wir unsere Nachrichten unterschreiben (signieren) und damit die Echtheit unserer Nachricht garantieren. Wird die Nachricht auf dem Weg zum Empfänger verändert, erkennt der Empfänger sofort, dass die Nachricht von einem Unberechtigten verändert wurde. Weiterhin können wir mit unserem privaten Schlüssel solche Nachrichten, die mit unserem passenden öffentlichen Schlüssel verschlüsselt wurden, entschlüsseln. Unser öffentlicher Schlüssel dient dazu, Nachrichten, die wir mit unserem zugehörigen privaten Schlüssel signiert haben, auf deren Authentizität hin zu prüfen. Der öffentliche Schlüssel wird weiterhin dazu benötigt, eine Nachricht für den Besitzer des passenden privaten Schlüssels zu verschlüsseln. Ist eine Nachricht mit einem öffentlichen Schlüssel verschlüsselt worden, kann diese Nachricht nur noch mit dem zugehörigen privaten Schlüssel entschlüsselt werden. Ein weiterer Vorteil dieses Verschlüsselungsverfahrens liegt im sicheren und problemlosen Austausch der öffentlichen Schlüssel. Da mit dem öffentlichen Schlüssel nur eine Nachricht *ver-* aber nicht *entschlüsselt* werden kann, darf dieser Schlüssel problemlos an jeden Interessierten verteilt werden. Nur der private Schlüssel muss *unbedingt* geheim bleiben. Dieser verlässt auch nie den Einflussbereich des Besitzers, da er das Geheimnis darstellt, mit welchem vertrauliche Nachrichten entschüsselt, bzw. signiert werden können.

6.6 Erzeug keinen Müll

„Garbage can provide important details for hackers: names, telephone numbers, a company's internal jargon."
Kevin Mitnick

Dieser Grundsatz der Permakultur bringt eines der grundlegenden Probleme unserer digitalisierten Welt großartig auf den Punkt. Hör auf damit, beständig immer mehr Datenmüll zu erzeugen.

Uns sollte bewusst werden, dass es eine Illusion ist, dass wir einen wertvollen Beitrag für unsere Kultur, unsere Welt leisten, indem wir immer mehr Daten produzieren. Das Gegenteil trifft zu. Mit unserem permanenten Datenmüll hinterlassen wir viel eher die digitale Analogie zu Atommüll als etwas Wertvolles wie den Rosetta Stone. Cory Doctorow beschreibt diese Analogie von digitalen Daten und Atommüll sehr anschaulich[i]. Doctorow betont, dass die Daten, die wir selbst produzieren, oder auch diejenigen, die über uns gesammelt werden, genauso schädlich für uns und auch für die Generationen nach uns sind, wie es eben radioaktiver Müll ist. Die Auswirkungen spüren wir nicht in dem Moment, in dem wir die Daten produzieren. Aber Jahre oder gar erst

---

[i] https://www.theguardian.com/technology/2008/jan/15/data.security

Jahrzehnte später holen uns die Auswirkungen wieder ein, wenn wir aufgrund von Aussagen oder Bildern, die wir vor Jahren unbedacht ins Netz gestellt haben, jetzt keinen Job, keinen Kredit oder keine Wohnung bekommen.

Nicht nur, dass wir die wirklich wertvollen Kulturgüter wie Musik und Literatur regelrecht unter Gebirgen von sinnlosen Messages und Video-Clips begraben. Nein, wir sorgen mit unserer irrsinnigen Datenmüllproduktion dafür, dass immer mehr Speicherplatz für diese sinnleeren Inhalte geschaffen werden muss.

Wir nennen es verniedlichend „die Cloud" und damit klingt es wundervoll leicht und schwebend. Aber dahinter stehen Peta[i]-Byte von Speicherkapazität. Und diese Speicherkapazität muss nicht nur irgendwo physisch vorhanden sein, sondern sie muss auch konstant mit Strom versorgt werden. Die riesigen Serverfarmen verbrauchen eine Unmenge an Strom für die ständig wachsende Datenmenge, die dort gespeichert wird. Dieser Strom muss erzeugt werden, und dazu nutzen die Internetkonzerne nicht unbedingt nachhaltige und umweltverträgliche Lösungen, sondern setzen weiterhin gern auf Kohle oder Atomkraft als Energielieferanten. Dazu kommt auch noch, dass wir durch den ständig von uns produzierten Datenmüll digitale Spuren hinterlassen, die uns zusätzlich angreif- und manipulierbar machen.

---

[i] Peta = 10^15 = 1.000.000.000.000.000 = 1 Billiarde

6.6.1 Praxis: Reduziere deinen Datenhort

Die niedrigen Preise für Speicherplatz verführen uns dazu, immer mehr zu speichern. Auch die Internetkonzerne wie Google, Microsoft, Apple und Facebook verleiten uns immer weiter dazu, mehr Daten zu speichern. Meine Empfehlung lautet, nicht so viel zu speichern. Wir machen sowieso viel mehr Bilder, als wir in unserer Lebenszeit jemals anschauen können. Wir halten Back-ups von Back-ups von Back-ups mit vollkommen überalterten Datenständen, die wir überhaupt nicht mehr benötigen. Weg damit, rufe ich dir zu! Was wir nicht haben, kann uns auch nicht gestohlen werden. Was wir nicht speichern, benötigt keinen Speicherplatz und auch keinen Strom.

Ein besonderer Tipp zur Reduktion unserer fast beiläufig erzeugten Datenmenge ist alle Fotos, die wir machen von Hand aussagekräftig zu benennen. Damit behalten wir nicht jeden Schnappschuss, sondern nur wirklich gelungene, witzige oder bedeutende. Schon wird unser Datenhort deutlich überschaubarer. Für diesen Praxistipp danke ich meiner Lektorin Simona.

6.7 Beobachte und interagiere

„Beobachte dich stets aufmerksam in deinem Tun und halte hier nichts deiner Beachtung unwert."
Konfuzius

Eine Grundidee der Permakultur besteht darin, dass wir keinen Endzustand erreichen. Der Weg ist gewissermaßen das Ziel.

Selbst wenn wir jetzt beginnen, uns um unsere Privatsphäre zu kümmern, ist das lediglich der erste Schritt aus unserer - mehr oder weniger - selbst verschuldeten Datenunbekümmertheit hinaus.

Wir sind in diesen Zustand der Datenunbekümmertheit hinein gegangen. Freiwillig, weil wir gern bereit sind, für etwas mehr Bequemlichkeit unsere Privatsphäre aufzugeben. Aber auch, weil die Internetkonzerne und unsere Regierung uns andauernd versichern, dass unsere Daten bei ihnen sicher sind und wir ja nichts zu verbergen haben. Jetzt haben wir jedoch zu erkennen begonnen, dass wir überwacht und manipuliert werden. Unsere Daten sind weder bei den Regierungen noch bei den Internetkonzernen sicher, ganz im Gegenteil. Damit ist der erste und wichtigste Schritt zurück zur Souveränität über unsere Daten bereits getan. Wir wissen jetzt, wo wir stehen und wir wissen, was wir tun können und müssen, um uns zu schützen.

Was ich mit dem Grundsatz „beobachte und interagiere" meine, ist darauf aufbauend Folgendes: Wir müssen die Entwicklung der zunehmenden Überwachung und Manipulation im Blick behalten. Wir müssen aktiv und achtsam verfolgen, welche Mittel Regierungen und Internetkonzerne einsetzen, um uns noch weitere Daten zu entwenden und uns tief greifender zu überwachen. Denn auch die Überwacher, Manipulierer und Kriminellen bleiben nicht stehen. Ganz im Gegenteil versuchen diese Teilnehmer am Spiel um unsere Daten, ihrerseits weiter an Boden zu gewinnen.

Daher sollten wir uns nicht auf einen technologischen Wettkampf einlassen - den werden wir verlieren, denn die Seite der Angreifer hat größere finanzielle und technische Ressourcen als wir. Was uns jedoch einen beständigen Vorsprung verschafft, ist das Wissen, das wir aufbauen.

Wir können es auch gut in dieses Motto fassen: „Vigilia pretium privati." - Wachsamkeit ist der Preis der Privatsphäre. Denn so, wie wir das Wissen haben, dass unsere Daten die neue Währung im Internet sind, wissen wir, was wir schützen müssen. Wenn wir wissen, dass wir überwacht werden, dann können wir an dieser Stelle etwas unternehmen. Das Wissen um die Bedeutung unserer Daten kann uns niemand mehr nehmen. Dieses Wissen gibt uns einen entscheidenden Vorteil, der durch keine technische Überlegenheit unserer Gegenspieler wettzumachen ist. Wenn wir wissen, dass wir um etwas kämpfen können, dann macht uns dieses Wissen unüberwindbar stark.

6.7.1 Praxis: Erweitere dein Wissen

„Wissen ist Macht"

Der englische Philosoph Francis Bacon hat es damit auf den Punkt gebracht. Wenn wir Wissen aufbauen, gewinnen wir damit auch Macht. In unserem Fall gewinnen wir damit die Macht über unsere Privatsphäre. Wir erweitern wir nun unser Wissen im Bereich Schutz der Privatsphäre? Zunächst empfehle ich, eines der folgenden Bücher zu lesen, oder einen spannenden Film zu dem Thema Privatsphäre zu schauen:
- Dave Eggers, *Der Circle*
- Marc Elsberg, *Zero – Sie wissen alles*
- Max Schrems, *Kämpf um deine Daten*
- *Der Staatsfeind Nr. 1*

6.8 Übe dich in Selbstbegrenzung

„Besser schweigen und als Narr scheinen, als sprechen und jeden Zweifel beseitigen."
Abraham Lincoln

In unserer marktwirtschaftlich orientierten Gesellschaft ist die Idee von Selbstbegrenzung nicht selbstverständlich. Wir haben sehr lang gelernt, dass unsere Wirtschaft auf beständiges Wachstum ausgelegt ist. Die Prämisse des kontinuierlichen Wachstums ist gewissermaßen zur Notwendigkeit des unternehmerischen Handels erkoren worden. Auch der Privatmensch wird zu dauerhaftem Konsum angeregt. Uns als Konsumenten wird eingeredet, dass unser Beitrag zur Aufrechterhaltung der Wirtschaft in ständig wachsendem Konsum besteht. Sparsamkeit oder gar Verzicht wird nahezu einem staatsfeindlichen Handeln gleichgesetzt.

In so einer Umgebung klingt der Appell nach Selbstbegrenzung schon fast wie ein Aufruf zum Umsturz. Dabei ist meiner Ansicht nach Selbstbegrenzung eines der am ehesten selbsterklärenden Konzepte der Permakultur, welches sich auch direkt auf den Schutz der Privatsphäre umsetzen lässt.

Selbstbegrenzung in der Privatsphäre ist Datensparsamkeit. Datensparsamkeit ist das einfachste und effektivste Mittel zum Schutz der Privatsphäre.

Denn Daten, die ich nicht hergebe, kann ich nicht verlieren. Daten, die ich erst gar nicht erzeugt habe, können weiterhin auch nicht verwendet werden, um ein Profil von mir zu erstellen. Daten, die nicht anfallen, brauchen nirgendwo gespeichert zu werden und benötigen deshalb weder Speicherplatz noch Strom, um diesen Speicherplatz zu betreiben. Daher schützt Datensparsamkeit nicht nur mich, sondern auch das Weltklima.

Außerdem bin ich davon überzeugt, dass wir auch einfach viel spannender sind, wenn nicht alles über uns bekannt ist.

Woher kommt der ruinöse Drang, immer noch mehr Daten zu produzieren? Haben wir nicht mehr die Lust dazu, uns Dinge zu merken? Sind die Bilder im Kopf nicht viel schöner, als die Bilder, die wir mit unseren Smartphones machen – und danach sowieso nie wieder betrachten? Ist es nicht viel spannender, meine Meinung im direkten Dialog zu einem Thema abzugeben, anstatt eines verkürzten und missverständlichen Posts?

Lernen wir doch wieder, uns selbst zu begrenzen. Ich bin davon überzeugt, dass uns diese Selbstbegrenzung nicht einschränkt, sondern uns im Gegenteil mehr Freiheit und Gelassenheit bringt.

Unbeschränkt zu sein bedeutet für mich auch unbeschränkten Stress. Ich muss auf jeden Ruf reagieren, jedem Trend folgen, immer erreichbar und vollkommen transparent sein. Mich selbst zu begrenzen bedeutet auch die Freiheit, verschlossen zu sein, nicht überall meine Daten preiszugeben. Mich selbst zu beschränken ist wahre Unbeschränktheit. Nur wenn ich mich selbst zügele, weiß ich, was wahre Freiheit ist. Nicht das unreflektierte und oft reflexartige Preisgeben all meiner Meinungen, Bilder, Ideen und Kommentare. Sondern das reflektierte und gezielte Antworten, Informieren und Mitteilen bereichert die Kommunikation.

Auch in der schier grenzenlosen Auswahl von Möglichkeiten liegt eine Beschränkung verborgen. Wenn wir zu viel Auswahl haben, blockieren wir in unserem Auswahlprozess. Das haben die beiden amerikanischen Psychologen Sheena S. Iyengar und Marc R. Lepper gezeigt und diesen Gedanken vertieft Peter Gross in seinem Werk *Die Multioptionengesellschaft*. Wenn wir zuviel von etwas haben – und das kann durchaus etwas sein, das wir als Gut empfinden – so wird es als schlechter wahrgenommen. Ein mehr an Möglichkeiten, Auswahl oder Verfügbarkeit macht nicht zufriedener, sondern im Gegenteil sogar unzufriedener. Eine begrenzte Auswahl führt zu einem besseren Auswahlprozess und letztlich zu einem besseren Ergebnis. Darauf aufbauend, können wir schließen, dass eine Selbstbeschränkung in dem, was wir an Daten speichern und herausgeben, zu mehr Zufriedenheit und Freiheit führt.

6.8.1 Praxis: Beschränke dich

Reduziere die Daten, die du speicherst. Geh deine gespeicherten Daten durch und lösche, was du im letzten Jahr nicht verwendet hast. Überlege genau, welche Daten du von dir angeben musst, wenn du dich bei einem Online-Dienst anmeldest. Bloß, weil der Dienst ein Datenfeld als *Pflichtfeld* markiert, heißt es nicht, dass es für die Erbringung dieses Dienstes notwendig ist.

6.9 Ernte deinen Erfolg

„Gewöhnlich ist der im Leben Erfolgreichste auch der Bestinformierte."
Benjamin Disraeli

Eigentlich ganz einfach: Wenn wir unsere Privatsphäre schützen, dann haben wir doch schon Erfolg. Einfach, oder?

Gut, vielleicht ist es nicht ganz so einfach, beziehungsweise es steckt noch deutlich mehr dahinter als nur das. Es ist ein Erfolg, dass du der Überwachung und Manipulation entgehen und ihr entgegenwirken kannst. Deine Privatsphäre zu schützen bedeutet auch, dass du das tun kannst, was du wirklich tun willst.

Ich glaube auch, dass einfach das Gefühl, sich um seine Privatsphäre zu kümmern, aktiv etwas Gutes für sich zu tun, schon allein ein Erfolg ist. Das ist ungefähr so gut, wie das eigene Brot zu backen oder ein leckeres Essen zu kochen. Aktiv zu sein und zu wissen, dass wir nicht manipuliert und ausgebeutet werden, das ist ein Erfolg!

Konkret auf den Fall Schutz der Privatsphäre angewendet, bedeutet *Ernte deinen Erfolg*, dass du zunächst gewahr wirst, dass du manipuliert und überwacht wirst. Somit bin ich ganz bei Immanuel Kant, der auf die Frage *„Was ist Aufklärung?"* mit der folgenden Aussage antwortete:

„Aufklärung ist der Ausgang des Menschen aus seiner selbstverschuldeten Unmündigkeit. Unmündigkeit ist das Unvermögen, sich seines Verstandes ohne Leitung eines anderen zu bedienen. Selbstverschuldet ist diese Unmündigkeit, wenn die Ursache derselben nicht am Mangel des Verstandes, sondern der Entschließung und des Mutes liegt, sich seiner ohne Leitung eines anderen zu bedienen. Sapere aude! Habe Mut, dich deines eigenen Verstandes zu bedienen! ist also der Wahlspruch der Aufklärung."

Damit haben wir jetzt schon den ersten Schritt in Richtung Aufklärung über Privatsphäre und den Schutz unserer Daten getan. Wir beginnen, unseren Verstand zu benutzen, und verlassen uns nicht ausschließlich auf Werkzeuge. Der Gebrauch eines Werkzeugs ohne Verstand führt nur zu weiterem Ungemach und nicht zu mehr Freiheit oder Sicherheit. Wir haben den Mut, unseren Verstand und unser neu gewonnenes Wissen einzusetzen, um unsere Privatsphäre zu schützen.

6.9.1 Praxis: Feiere deinen Erfolg

Teile deinen Erfolg beim Schutz deiner Privatsphäre mit anderen. Gib dein Wissen, deine neuen Erkenntnisse über Privatsphäre, Überwachung und Manipulation, die du bisher erlangt hast, an andere weiter.

Dadurch kannst du nicht nur die Privatsphäre der anderen stärken, sondern auch deine eigene. Durch die Wiederholung der bisherigen Tipps und die Vertiefung der Gedanken, verfestigen sich auch die grundlegenden Vorgehensweisen und Techniken bei dir selbst. Durch das Weitergeben von Wissen stärken sich deine eigenen Fähigkeiten. Dir werden die notwendigen Schritte zum Schutz deiner Privatsphäre ganz natürlich in dein tägliches Handeln einfließen.

7. Wie wir unsere Privatsphäre gefährden: Die sieben Todsünden

„Wir werden nicht für unseren Sünden bestraft, sondern durch sie."
Elbert Green Hubbard

Es ist bedenklich, auf welche unterschiedliche Art und Weise wir unsere Privatsphäre aufs Spiel setzen. Daher will ich in diesem Kapitel einige dieser Gefährdungspotenziale vorstellen, aber auch Maßnahmen, die wir zum Schutz der Privatsphäre ergreifen können, damit wir die vermeintlich so bequeme (oder auch für uns gänzlich unbekannte) Sphäre der Überwachung verlassen. Meine Hoffnung ist, dass dieser gedankliche Anreiz – ganz ähnlich einer Impfung - ausreicht, damit der eine oder andere einen Aha-Moment erlebt und zukünftig die eigene Privatsphäre förderlicher behandelt.

Ich bin ein Freund davon, meine Angelegenheiten in die eigenen Hände zu nehmen. Und so denke ich beim Thema Schutz meiner Privatsphäre - und seinem düsteren Zwilling Gefährdung unserer Privatsphäre – genauso. So, wie wir die Sicherheit unserer Privatsphäre in den eigenen Händen haben, genauso verantworten wir auch selbst, wenn wir unsere Privatsphäre gefährden.

Mit Ausreden wie

- Niemand sagt mir, wie ich meine Privatsphäre schützen kann
- Niemand hilft mir dabei
- Die anderen sind doch viel zu mächtig

machen wir uns selbst nur kleiner und ohnmächtiger, als wir sind.

Es bringt uns schon enorm viel weiter, wenn wir uns bewusst machen, dass wir für uns selbst verantwortlich sind.

„Ich bin mein eigener Herr, ich hab niemand Rechenschaft zu geben."

So formuliert es Johann Nepomuk Nestroy.

Kraftvoll, selbstbewusst und mutig. Da nimmt jemand sein eigenes Leben in die Hände. Niemand hat mir zu sagen, was ich zu tun habe und niemand ist für mich verantwortlich außer mir selbst.

Johann Wolfgang von Goethe betrachtet diese Selbst-verantwortlichkeit von einer anderen Seite:

„Jeder hat sein eigen Glück unter den Händen, wie der Künstler die rohe Materie, die er zu einer Gestalt umbilden will. Aber es ist mit dieser Kunst wie mit allen ... sie will gelernt und sorgfältig ausgeübt sein."

Wir sind für uns selbst verantwortlich. Was wir daraus machen, liegt ganz an uns. Wenn wir uns darin üben, etwas Gutes aus unserem Leben zu machen, so ist es unser Verdienst. Aber auch für den Schaden, den wir anrichten - und eine geschwächte oder vollkommen aufgelöste Privatsphäre ist ein enormer Schaden -

sind wir selbst verantwortlich. Wir haben Sorge dafür zu tragen, dass wir unser „eigen Glück" gestalten. Wir können niemanden außer uns zur Rechenschaft ziehen, wenn etwas nicht so läuft, wie wir es gerne wollen.

Es ist auch richtig, dass wir die Mittel und Wege, wie wir unsere Privatsphäre schützen können, erlernen und sorgfältig ausüben müssen. Aber auch dies ist ein lohnenderer Weg, als fremdbestimmt und fremdgesteuert unfrei durch unser Leben zu gehen.

Schauen wir uns an, aus welchen Gründen wir unsere Privatsphäre aufs Spiel setzen. Denn wenn wir wissen, *warum* wir hier so fahrlässig handeln (oder eben nicht handeln), finden wir Möglichkeiten, um diese Handlungsweisen (oder Unterlassungen) zu ändern.

Sünden als Verfehlungen finden wir sowohl in unterschiedlichen Religionen als auch in weltlich ausgerichteten Wertegesellschaften wie im Rittertum oder im Bürgertum. Da die Digitalisierung - und damit der Schutz unserer Daten und unseres Privatlebens - als gesellschaftliches Phänomen zutage tritt, halte ich eine Aufstellung von Todsünden der Privatsphäre für angemessen. Ich habe mich dabei an den religiösen Todsünden orientiert, jedoch auch die weltlichen Verfehlungen mit in Betracht gezogen und auch eigene dieser Liste hinzugefügt.

In diesem Kapitel besprechen wir die *sieben Todsünden der Privatsphäre*:
- Gleichgültigkeit
- Eitelkeit
- Hochmut
- Habgier
- Unachtsamkeit
- Völlerei
- Herdentrieb

Und was passiert, wenn wir uns diesen Todsünden der Privatsphäre hingeben?

Wir kommen in die Datenhölle.

Das Gefährliche daran ist, dass wir selten sofort merken, dass wir uns unserer Privatsphäre gegenüber versündigen. Die Auswirkungen unserer sündhaften Datenschleuderei ereilt uns möglicherweise erst Jahre später - vielleicht, wenn wir uns um einen bestimmten Job bemühen, trotz unserer wilden Partybilder auf Facebook, die wir damals so cool fanden.

Mit meiner apokalyptischen Ausgestaltung dieses Schreckensszenarios will ich dich, lieber Leser, dazu bewegen, aus deiner Gleichgültigkeit, Trägheit und Selbstunterschätzung aufzuwachen, und den Schutz deiner Privatsphäre in die eigenen Hände zu nehmen.

Wir brauchen nicht in Heulen und Zähneknirschen zu verfallen, wenn wir feststellen, dass wir unsere Privatsphäre bisher vernachlässigt haben (und uns nun das Fegefeuer der Dateneitelkeiten droht). Denn in gleichem Maße, in dem es die Todsünden gibt, stehen diesen die Kardinaltugenden gegenüber, die im nächsten Kapitel genauer beleuchtet werden. Auch bei den Tugenden habe ich mich sowohl an religiösen, wie auch an weltlichen Verhaltensweisen orientiert, die sich positiv auf das Zusammen- oder Seelenleben der Menschheit auswirken.

- Mäßigung
- Klugheit
- Freiheit
- Gerechtigkeit
- Tapferkeit
- Weisheit
- Sparsamkeit

Wenn wir uns an diesen Kardinaltugenden der Privatsphäre orientieren, sind unsere unsterblichen Daten und die Ganzheit unserer Privatsphäre noch zu retten.

7.1 Gleichgültigkeit

„Das Böse triumphiert allein dadurch, dass gute Menschen nichts unternehmen."
Edmund Burke

Gleichgültigkeit oder Acedia ist tatsächlich eine der „klassischen" kirchlichen Todsünden. Besonders die fünfte Tochter der Acedia, *Torpor circa praecepta*, die stumpfe Gleichgültigkeit, spiegelt diese Todsünde hier wider.

Solange wir mit einer Einstellung der Gleichgültigkeit an unsere Privatsphäre herangehen, solange gefährden wir sie auch. Die Idee „Mir ist der Schutz meiner Privatsphäre doch egal - ich habe ja nichts zu verbergen", ist meiner Ansicht nach eine der gefährlichsten Grundannahmen, die wir hinsichtlich unserer Privatsphäre treffen können. Ich stimme vollkommen Edward Snowden zu, welcher an dieser Stelle sehr weitsichtig entgegnet:

„Arguing that you don't care about the right to privacy because you have nothing to hide is no different than saying you don't care about free speech because you have nothing to say."

Wenn wir so denken, blenden wir fahrlässig einfach viele Dinge aus, bei denen wir aufgrund unserer Sozialisierung davon ausgehen, dass sie niemand erfährt. In unserer Gesellschaft sind gewisse Teile unseres Lebens schlicht für andere Tabu. Dazu gehören meist unser Sexleben, unser Glauben, unsere Steuer, sogar unser Einkommen. Weil wir diese Dinge einfach als integralen Bestandteil unseres privaten Lebens ansehen, ist uns oft gar nicht klar, dass diese Teile vor der Öffentlichkeit durch uns geheim gehalten werden. Wir blenden sie schlicht aus, wenn wir sagen: „Ich habe doch nichts zu verbergen!"

Das Problem ist jedoch, dass diejenigen, die uns ans Datenleder wollen, das komplett anders sehen. Für diese Datenkraken sind unser Sexleben, unser Glauben oder unsere politische Gesinnung ganz besonders interessant. Denn alle Daten, die den Datensammlern aus diesen Bereichen in die gierigen Finger fallen, helfen ihnen, ein genaueres Profil über uns zu erstellen.

Oder uns zu erpressen.

Wir sollten uns nicht darauf versteifen, dass aus den über uns gesammelten Daten nur ein Profil über uns erzeugt wird. Ein Profil würde lediglich helfen, uns gezielter manipulieren zu können. Aber solche persönlichen Daten können auch für viel direktere Angriffe eingesetzt werden. Sind so persönliche Daten wie unsere sexuellen Vorlieben Datendieben in die Hände gefallen, so werden diese sicherlich nicht den Anstand haben, diese fürsorglich für sich zu behalten. Nein, ich schätze, hier wird eher versucht werden, aus diesen intimen Daten Kapital zu schlagen.

Ein weiterer Punkt, der dazu führt, dass uns Gleichgültigkeit im Zusammenhang mit unseren Daten und mit unserer Privatsphäre, lähmt: Uns ist gar nicht klar, was mit den Daten, die über uns gesammelt werden, passiert. Als Beispiel dafür möchte ich die durch *Wearables* gesammelten Körper- und Bewegungsdaten ins Feld führen.

Ein Wearable (Computer) ist ein tragbarer Computer, der oft die Funktion erfüllt, Körperdaten wie Herzschlag, Hautwiderstand, zurückgelegte Strecke und Ähnliches zu ermitteln, speichern und weiterzuverarbeiten. Bekannte Beispiele für Wearables sind Smartwatches und Fitness-Tracker. Aber auch schon länger bekannte technische Hilfsmittel wie Hörgeräte und Herzschrittmacher werden mittlerweile zu den Wearables gezählt.

Weiterverarbeitung bedeutet im Zusammenhang mit Wearables nicht nur die lokale Auswertung der gesammelten Daten, sondern – und an dieser Stelle entstehen viele Probleme mit den ermittelten Daten – auch die Übertragung, Speicherung und der Weiterverkauf der Daten an (unbekannte) Dritte.

Wir geben diese frei und willig ab, da uns der Zusammenhang zwischen den für uns direkt ersichtlichen positiven Motivationsschüben (Super! Du bist heute schon 5.823 Schritte gegangen!) und den an die Datensammler übertragenen weiteren

Daten (Geo-Daten, Zeitstempel, Blutdruck, etc.) gar nicht klar sind.

Was machen die mit den Daten? Hat der Nutzer überhaupt noch annähernd die Kontrolle darüber, was mit seinen Daten geschieht, wenn sie noch mit weiteren Daten korreliert werden? Wir sehen diese Auswertung von gesammelten Daten schon seit einigen Jahren bei Kfz-Versicherungen. Hier existieren schon mehrere Versicherungstarife, die dem Fahrer eines Autos einen günstigeren Tarif versprechen, wenn sich dieser auf eine automobile Rundumüberwachung einlässt. Denn durch die technischen Möglichkeiten der Überwachung - wo und wie wird ein Fahrzeug bewegt (zu schnell, zu starkes Bremsen etc.) - errechnen die Versicherer das Risiko für diesen Versicherungsnehmer. Sind wir als Kunden bereit, uns so umfassend überwachen zu lassen, dann profitieren wir noch von einem günstigen Tarif. Aber wir wissen weder, nach welchen Kriterien diese Einstufung stattfindet, noch kennen wir die Algorithmen, die hinter dieser Bewertung stecken. Solche Bonussysteme haben die Tendenz, dass sie in Malussysteme gewandelt werden, wenn die Teilnehmeranzahl ausreichend groß ist. In der Einführungszeit für solche durch den Konsumenten beeinflussbaren Tarifen profitiert der Early Adopter von den Vorteilen, die ein solches System bietet - er bekommt einen günstigen Tarif. Sobald jedoch die kritische Masse an Anwendern erreicht ist, ändern die Anbieter dieses Bonus- in ein

Malussystem. Dadurch werden einerseits Kunden, die das dynamische System nicht nutzen, durch höhere Tarife dazu gedrängt, auf das dynamische System zu wechseln, andererseits wird für die bestehenden Nutzer dieser Tarifgruppen die Staffelung gestrafft. Das bedeutet, es wird schwieriger, die bisherigen Boni mit derselben Eigenleistung zu erreichen.

Es klafft eine große zeitliche und logische Kluft zwischen Sammlung der Daten und Auswirkung auf mein Leben.

Ein weiteres Argument hinter der „Ich hab doch nichts zu verstecken"-Logik ist die - spirituell tatsächlich hoch anzurechnende - Einstellung, dass ich vor mir selbst nichts zu verbergen habe. Damit bin ich wirklich mit mir und meinen Handlungen und Überzeugungen im Reinen. Niemand kann mich angreifen und bloßstellen, wenn er meine - auch geheimsten - Wünsche und Gedanken publik macht.

Allerdings kann das nach außen hin vollkommen anders aussehen.

Religion ist für diese Denkweise ein gutes Beispiel. Wenn ich religiös bin, dann bin ich das aus tiefster Überzeugung und bin mir gegenüber damit im Reinen. Von außen betrachtet ist allerdings meine Religion - wenn es die „Falsche" ist - ein großes Problem. Oder, wenn es ganz falsch läuft, das letzte in meinem Leben, für das ich stehe. Ich finde es widerlich, wenn jemand - so lange er nicht andere in ihrer Freiheit einschränkt - für seine Freiheit bestraft wird, und besonders bei Religion halte ich es mit Friedrich II. von Preußen:

> *„Alle Religionen sind gleich und gut, wenn nur die Leute, die sie bekennen, ehrliche Leute sind, und wenn Türken und Heiden kämen und wollten das Land bevölkern, so wollen wir ihnen Moscheen und Kirchen bauen."*

Leider haben wir schon Zeiten erlebt, in denen die falsche Religion das Ende des Lebens bedeuten konnte, und auch in zahlreichen aktuellen Krisengebieten der Erde ist das so.

Natürlich ist es richtig und gut, für das einzustehen, an was man glaubt. Allerdings bin ich nicht der Ansicht, dass man das tun sollte, wenn es einen umbringt. Das bringt möglicherweise moralisch weiter, aber ob es die Gesellschaft weiterbringt oder manchmal das eigene Leben, das wage ich zu bezweifeln.

Ja, wir sollten in einer Welt leben, in der niemand etwas verbergen muss. Das tun wir jedoch nicht und ich glaube auch nicht daran, dass wir das jemals werden und weiter glaube ich auch nicht, dass es gut wäre, wenn wir in einer solchen Welt leben würden.

Niemand sollte für seinen Glauben sterben müssen, davon bin ich überzeugt. Jeder sollte frei äußern dürfen, was er äußern will, aber niemand soll leiden müssen, wenn er etwas verbergen will und niemand darf dafür leiden müssen, dass er seine Geheimnisse der Welt offenbart.

7.2 Eitelkeit

„Es ist die lächerlichste Prätension, allen gefallen zu wollen."
Johann Wolfgang von Goethe

Eitelkeit, lateinisch *vanitas*, ist der Versuch der scheinbaren Leere des Lebens durch die Anhäufung von Luxusgütern eine äußere Fülle zu geben. In unserem digitalen Zeitalter führt dieser Versuch zu erheblichen Problemen mit unserer digitalen Identität.

Der eitle Wunsch, der gesamten digitalen Welt unser vermeintlich volles Leben fotografisch, filmisch oder in leeren Kommentaren offenbaren zu wollen, scheint eines der hauptsächlichen Motive für fotografierte Speisen und sonnengebräunte Füße am Strand zu sein. Ein Foto führt zum Nächsten und mit jedem Foto, das wir veröffentlichen oder kommentieren, reißen wir ein neues Loch in unsere Privatsphäre. Nun, die Eitelkeit, eben der Wunsch jedem gefallen zu wollen, führt uns halt ab und an ins Unglück oder zumindest ins Verderben.

Aber nicht nur das rein datentechnische Risiko führt zu einer Aushöhlung unserer Privatsphäre. Auch existiert das Risiko bei neuen Technologien, die eine „Vereinfachung" unseres Lebens versprechen, weitere Lücken in die Verteidigung unserer Privatsphäre zu schlagen. Denn jede Technologie, die uns mehr Bequemlichkeit als weiteren nichtigen Luxus bringt, tut dies auf Kosten unserer Privatsphäre. Ein Beispiel dafür sind „smarte" Haushaltsgeräte wie Fernseher, die per Sprachsteuerung ihren Dienst verrichten. Diese Sprachsteuerung muss zwangsläufig immer lauschen - und damit wird durch die erhöhte eitle Bequemlichkeit auch zum allzeit präsenten Spion in unserem Wohnzimmer.

7.3 Hochmut

> „Der Dandy muß sein ganzes Streben darauf richten, ohne unterlaß erhaben zu sein; er muß leben und schlafen vor einem Spiegel."
> Charles Baudelaire

Auch die Sucht nach Aufmerksamkeit hat als Todsünde der Privatsphäre ihre kirchliche Entsprechung in Superbia, dem Hochmut. Diese Todsünde reicht sogar noch weiter zurück und lässt sich als die Sünde der *Vana Gloria*, der Prahlerei oder Ruhmsucht, bis in das vierte Jahrhundert zurückverfolgen. Diese Ruhmsucht, diese Prahlerei, die wir sehen, geht stets zulasten unserer Privatsphäre. Denn mit was prahlen wir? Mit unseren privatesten Daten. Seien es Bilder von Urlauben, von Grillfesten, von Veranstaltungen, die wir besuchen, unseren Kindern, Hunden, Autos.

Stets und immer geben wir einfach zu viel über uns selbst preis.

Daten, die nur zu gerne von Datensammlern mitgenommen, mit Metadaten angereicht und mit weiteren Daten korreliert werden.

Und wozu? Zu unserer kurzlebigen Genugtuung? Höchst selten. Aber auf jeden Fall immer zu unserem Schaden. Sei es durch zu viele veröffentlichte Bewegungsdaten, zu viel Information über unseren Lieblingsverein, unsere Lieblingsfarbe, Wohnorte, Urlaubsorte, Meinungen, Gedanken, Wutausbrüche. All diese Daten schwächen unsere Privatsphäre und stärken das Wissen, das Datenhändler oder auch Datendiebe über uns haben.

Die Jagd nach dem nächsten „Like", die Suche nach einem weiteren Follower sind Auslöser (oder besser noch: Auslöscher) für eine geschwächte Privatsphäre. Denn was müssen wir für den schnellen und kurzlebigen „Like" tun? Wir stellen etwas Privates ins Netz. Meist eine Kleinigkeit, die uns in der einen oder anderen Form die kurzfristige Aufmerksamkeit unserer „Freunde" beschert. Dass wir dadurch ein Stück unserer Privatsphäre opfern, ist uns meist gar nicht klar.

Noch weniger klar ist uns, dass dieses Datum dauerhaft gespeichert bleibt. Es rutscht zwar nahezu direkt wieder aus dem

Blickfeld unserer „Freunde", bleibt jedoch weiterhin verfüg- und auffindbar gespeichert.

Und alles, was auffindbar ist, kann uns später einmal vor die Füße fallen.

Echte Aufmerksamkeit erfahren wir durch das Veröffentlichen unserer privaten Gedanken und Einsichten in unser Leben nicht. Damit stillen wir lediglich die Sensationslust unserer „Freunde". Neben der Gefahr, unsere Privatsphäre durch zu viel Aufmerksamkeits-heischendes Geposte zu aufzulösen, laufen wir auch Gefahr, uns selbst zu verlieren und damit unser Vermögen, klar zu handeln.

Die dauernde Suche nach dem nächsten Aufmerksamkeits-Kick fragmentiert unser Denken.

Nicht nur, dass wir aktiv immer mehr den Drang haben, weitere Belanglosigkeiten über unser Leben preiszugeben - nein, wir prüfen immer öfter, wie die Reaktionen unserer „Freunde" auf unseren Informationshappen ausfallen. Es wird zur Sucht.

7.4 Habgier

„Habgier und Glück sahen einander nie, wie sollten sie da miteinander vertraut werden?"
Benjamin Franklin

Der Mensch und sein Drang nach Wissen ...

Ja, das führt halt ab und an ins Unglück oder zumindest ins Verderben. Das Risiko, wenn wir beständig neue Technologien nutzen, besteht darin, dass wir unser Augenmerk auf die Funktionalitäten richten, die unser Leben „einfacher" gestalten. Dabei übersehen wir nur allzu oft die Lücken, die wir dadurch in unsere Privatsphäre reißen. Die Habgier wird von Seite der Industrie auch zusätzlich noch befeuert (und von uns Konsumenten auch dankbar angenommen), indem uns mittlerweile jedes Jahr ein neues Smartphone angeboten wird. Das neueste Technik-Spielzeug wird zum Lifestyle-Accessoire. Um *in* zu sein, müssen wir immer die aktuellste Version der heißesten technischen Innovation besitzen, ansonsten sind wir gnadenlos uncool. Diese ständige Hatz nach dem neuesten, modernsten, hipsten Gerät lässt keine Zeit mehr dafür, sich mit der Technologie auseinanderzusetzen.

Das hat verschiedene Gründe:

Wir wollen die Technologie so schnell als möglich einsetzen und kümmern uns nicht um die Sicherheit, die sie bietet.
Dies passiert meist dadurch, dass die initialen Einstellungen der Technologie sehr unfreundlich mit unserer Privatsphäre umgehen.

Uns interessiert nicht, dass die neue Technologie auf Kosten unserer Privatsphäre arbeitet.
In diesem Fall machen wir uns keine Gedanken darüber, was unser

neuer „Smart"-TV alles so im Wohnzimmer belauscht, während er darauf wartet, von uns per Sprachsteuerung „eingeschaltet" zu werden.

Es gibt einfach keine simplen Einstellungen, die unsere Privatsphäre schützen.

Dieser Fall ist sehr oft bei den diversen IoT[i]-Geräten zu finden. Das liegt daran, dass der Schutz der Privatsphäre keine hohe Priorität bei den Herstellern der verschiedenen "hilfreichen" Gadgets genießt - oder die Hersteller einfach als Nebengeschäft auf unsere Daten zählen.

Time-to-Market[ii] wird in unserer marktwirtschaftlich orientierten Konsumgesellschaft höher gewertet als Datenschutz. Wir sehen Tendenzen in fast allen Bereichen: Schnelle Lebenszyklen; Produkte, die vor Erreichung der Marktreife (bzw. vor Abschluss umfangreicher Tests) auf den Markt geworfen werden. Dies hat zur Folge, dass immer mehr unausgereifte, fehleranfällige oder gar fehlerhafte Produkte den Markt überfluten. Denken wir nur an das Desaster, welches wir mit den explodierenden Akkus bei Samsung erlebt haben. Würde Time-to-Market in der Priorität der Industrie einen niedrigeren Stellenwert einnehmen und statt dessen wieder mehr Wert auf Qualität gelegt werden, würden wir in vielen

---

[i] IoT – Internet of Things: Geräte wie Kameras, Fernseher, Türschlösser und ähnliches, welche eine dauerhafte Verbindung zum Internet aufgebaut haben.

[ii] Zeitraum von der Entwicklung eines Produkts bis zur Veröffentlichung

Bereichen davon profitieren. Produkte wären sicherer, stabiler und einfach wertiger.

Auch die schiere Überforderung durch die neue Technologie ist ein weiterer Hinderungsgrund beim Schutz unserer Privatsphäre. Das, was uns augenscheinlich das Leben erleichtern sollte, stellt sich nur allzuschnell als weiterer Stressfaktor in unserem überfrachteten Leben dar. Da bleibt dann schlicht keine Zeit und Energie mehr übrig, um auch noch die Privatsphäre zu schützen.

Sich keine Gedanken über die Auswirkungen auf die Privatsphäre zu machen, die eine neue Technologie hat, ist ein weiter Punkt, der dafür spricht, dass Technikverliebtheit ein Risikofaktor bei der Gefährdung der Privatsphäre ist.

Ein Beispiel hierfür ist der Einsatz biometrischer Zugangskontrollen. Viele sehen zunächst nur den Bequemlichkeitsvorteil, den diese Technologie bietet. Sie übersehen jedoch die Auswirkungen auf die Privatsphäre und Datensicherheit dabei. Die Auswirkungen, die ein gestohlenes biometrisches Merkmal auf uns als Träger dieses Merkmals hat, wird einfach weitgehend unterschätzt. Ein Fingerabdruck von uns bleibt einfach dauerhaft mit unserer Identität verknüpft. Wenn uns dieser gestohlen wird, kann sich der Dieb jederzeit für uns ausgeben. Dauerhaft. Denn im Gegensatz zu einem Passwort, welches wir ändern können, wenn es uns gestohlen wird, können wir unsere Fingerabdrücke nicht ändern. Biometrische Daten haben die Besonderheit, dass sie dauerhaft mit uns verknüpft sind. Das macht sie daher für die Überwacher so überaus interessant.

7.5 Unachtsamkeit

„Die beharrliche, konzentrierte Aufmerksamkeit ist das sichere Merkmal eines bedeutenden Geistes, während Übereilung, Verwirrung und Unruhe die ewigen Symptome schwacher Charaktere sind."
Philip Dormer Stanhope Lord Chesterfield

Unachtsamkeit hinsichtlich unserer Daten und damit unserer Privatsphäre ist meiner Ansicht nach ein wirklich hinterhältiger Fallstrick der sieben Privatsphären-Sünden.

Es geht einfach so schnell und so nebenbei.

Wir werden mittlerweile an so vielen Stellen zur Herausgabe unserer Daten genötigt, dass es einer dauernden Aufmerksamkeit bedarf, um immer bewusst mitzubekommen, wann und wo wir wieder dazu verleitet werden, es zu tun.

Mir ist klar, dass zur Zeit die Forderung nach mehr Achtsamkeit in nahezu allen Bereichen zunimmt. Weiterhin ist mir bewusst, dass jede Seite, die ein Mehr an Aufmerksamkeit für sich beansprucht, dies auch aus einem durchaus - für sich - triftigen Grund tut. Allerdings bedeutet der überall lauter werdende Ruf nach mehr

Aufmerksamkeit, dass die Aufmerksamkeit, die demjenigen zuteilwird, der am lautesten ruft, anderen Aspekten des Lebens um diesen Faktor entzogen wird. Wir haben nun einmal nur ein endliches Maß an Aufmerksamkeit, das wir - mehr oder minder - frei verteilen können.

Was wir jedoch nicht können, ist mehr Aufmerksamkeit zu erschaffen.

Wenn wir unserer Privatsphäre keine Aufmerksamkeit schenken, so drängen sich immer mehr Dinge in unser Leben, die ganz automatisch und massiv unsere Aufmerksamkeit auf sich ziehen:
- Manipulative Werbung, die immer aufdringlicher wird
- Soziale Netzwerke, die zunehmend fordernder werden
- Informationen, die zumindest als irrelevant ausgefiltert werden müssen

Darum sollten wir unserer Privatsphäre Aufmerksamkeit schenken, damit uns beide nicht gegen unseren Willen geraubt und von außen gesteuert werden.

Betrachten wir die Argumentation der Aufmerksamkeit doch einmal von der anderen Seite. Die Anbieter von Vorschlagswesen und Filterblase suggerieren uns doch, dass sie uns lediglich mit ihren Diensten helfen wollen, unsere Aufmerksamkeit auf das wesentliche zu fokussieren. Allerdings halte ich das für ein vorgeschobenes Argument, welches die wahre Intention dahinter verschleiert: Nämlich Manipulation und Kontrolle über uns auszuüben. Es ist doch tatsächlich so, dass die Filterblasen-Ersteller und Suchoptimierer uns nicht darüber in Kenntnis setzen, inwieweit sie uns in eine Filterblase stecken oder wessen Vorschläge sie uns unterbreiten. Sie fokussieren lediglich unsere Aufmerksamkeit auf die Interessen der Anbieter und nicht auf unsere Interessen.

7.6 Völlerei

> *„Die Menschen streben nach Bequemlichkeit. Doch Hoffnung gibt es nur für diejenigen, die unbequem leben."*
> *Ralph Waldo Emerson*

Der Tausch der Privatsphäre gegen die eigene Bequemlichkeit ist wohl eine der am häufigsten auftretenden digitalen Todsünden. Die Bequemlichkeit entspricht dabei am besten der kirchlichen Todsünde der Völlerei, der Maßlosigkeit. Uns Menschen kann es nie ausreichend bequem sein, wir sind maßlos in unserer Sucht nach Bequemlichkeit.

Ich habe das Gefühl, dass wir Menschen uns mit einem mehr an Bequemlichkeit zu vielem verleiten lassen, wobei es verwunderlich ist, mit welch albernen „bequemlichkeitsfördernden" Ideen wir uns zur Aufgabe unserer Privatsphäre bringen lassen.

Wo bitte liegt der Vorteil einer Sprachsteuerung für den Fernseher gegenüber einer Fernbedienung? Sind wir tatsächlich so faul geworden, dass wir uns lieber im Wohnzimmer ständig belauschen lassen, anstatt neben uns aufs Sofa zu greifen und einen Knopf auf der Fernbedienung zu drücken?

Ein anderes Beispiel - wiederum aus dem Bereich Unterhaltung – ist die Überwachung per Kamera. Es gibt nicht nur „smarte" Fernseher, die uns zuhören, es gibt auch das Modell, das uns zusieht. Diese vermeintliche „Bequemlichkeit" ist noch weniger zu verstehen, als die lauschende Variante, denn hier muss der Benutzer neue Gesten erlernen, damit das „smarte" Unterhaltungsmonster ihn versteht. Also zappelt er mit merkwürdigen Verrenkungen vor dem Fernseher herum, anstatt einfach auf die - wiederum - neben ihm liegende Fernbedienung zu tippen.

Neue Entwicklungen basieren oft darauf, die Bequemlichkeit der Bedienung zu erhöhen - leider sehr oft mit einer gleichzeitigen Einschränkung der Sicherheit. So ist es auch beim schlüssellosen Auto, wundervoll neusprachlich *Keyless Entry* genannt. Diese Technologie verspricht - und hält auch zugegebenermaßen dieses Versprechen - dass man sein Auto öffnen und starten kann, wenn man den Schlüssel einfach nur bei sich hat. Leider - so zeigt ein Test des ADAC – muss man dabei nicht unbedingt bei seinem

---

Auto sein. Über eine technisch einfache Relais-Attacke kann der Wagen auch geöffnet und gestartet werden, wenn sich der Schlüssel und der rechtmäßige Besitzer mehrere hundert Meter vom Auto entfernt aufhalten.[i]

Schöne neue, bequeme und unsichere Welt.

Auch im Bereich des „Smart"-Homes gibt es zunehmend Dienste, die dem Anwender das Leben vermeintlich einfacher machen, seine Privatsphäre dafür aber immer stärker einschränken, und einem datenschutzbesorgten Menschen das Blut in den Adern gefrieren lassen. Warum sollte jemand den Zustand seiner ans WLAN (und damit natürlich an die gesamte digitalisierte Welt) angeschlossenen Haustür aus dem Urlaub in Süd-Timbuktu kontrollieren wollen? Wenn man feststellt, dass die Tür aufgebrochen wurde, so werden das die Nachbarn auch bereits gesehen haben. Und was soll der Betroffene denn tun, hier in Süd-Timbuktu?

Das Problem dabei ist, dass nicht nur der Hausbewohner den Zustand seiner eigenen Wohnungstür aus Süd-Timbuktu kontrollieren - und auch manipulieren - kann. Das kann auch ein mäßig talentierter Hacker, denn das Problem mit den ganzen „Smart"-Home-Entwicklungen ist, dass sich die Entwickler so sehr

---

[i] Das funktionierte laut dem ADAC-Test bei allen getesteten Modellen von so exotischen Marken wie BMW, VW, Audi und Renault.

in die Entwicklung neuer Produkte und Funktionen gestürzt haben, dass dabei die Sicherheit dieser Produkte - wenn überhaupt - nur eine eher geringe Wichtigkeit auf ihrer Prioritätenliste eingeräumt bekommen hat.

Selbst beim Thema Geld - in unseren Breiten doch eher eines der Themen, die klassischerweise unter dem Mantel der Verschwiegenheit gehalten werden - siegt die zunehmende Bequemlichkeit der Nutzer. Wir nutzen Online-Banking, weil es so einfach ist und wir nicht mehr zur Bankfiliale gehen müssen, um unsere Überweisungen auf den Weg zu bringen. Überdies sparen wir Gebühren, die in aller Regel inzwischen erhoben werden, wenn wir mit Papierüberweisungen arbeiten. Auf diese Weise wird der Kunde immer stärker in die gewünschte Richtung gedrängt. Schon Online-Banking an sich birgt ausreichend Sicherheitsrisiken, die uns eigentlich aus unserer technik-induzierten Lethargie reißen sollten. Aber nein, wir springen auch hier auf jeden sich bietenden neuen Technik-Zug auf, der uns ein Mehr an Bequemlichkeit verspricht. Der neueste „heiße Scheiß" auf diesem Gebiet ist berührungsloses Bezahlen. Klingt toll, so im Vorbeigehen einfach etwas einzustecken und es ganz automatisch berührungslos zu bezahlen. Das denken sich allerdings auch findige Daten- und Geldmitteldiebe, denn es kann auch einfach im Vorbeigehen unsere berührungslose Kreditkarte um die dort verfügbaren Geldeinheiten erleichtert werden, nebst allen sonstigen Daten auf diesen - wiederum - eher auf der unsicheren Seite angesiedelten Geld- und Kreditkarten.

Schöne neue, bequeme und berührungslose Welt!

Auch beim Reisen lassen wir uns gern beobachten und - weil es ja so bequem ist! - bevormunden und manipulieren. So hinterlassen wir zum Beispiel mit dem praktischen Reise-System „Touch & Go" ein lückenloses Bewegungsprofil unserer Reisetätigkeiten im öffentlichen Nahverkehr. Wir geben unsere Start- und Endstation preis, inklusive Zeitstempel. Nur, damit wir vor unserer Reise keine Fahrkarte kaufen müssen.

7.7 Herdentrieb

„Um ein tadelloses Mitglied einer Schafherde sein zu können, muss man vor allem ein Schaf sein."
Albert Einstein

Gruppenzwang, peer-pressure, Mitläufertum, Herdentrieb.

Wir können viele Begriffe dafür finden, warum wir etwas tun, bloß weil es „die Anderen" auch tun. Herdentrieb ist keine der klassisch-kirchlichen Todsünden. Doch dieses Verhalten ruft einen großen Anteil an den Problemen mit unserer Privatsphäre hervor. Eine so schlechte Idee dieses Verhalten generell ist, wird es doch noch gefährlicher, wenn es um die Auflösung unserer Privatsphäre geht.

Nicht nur, dass wir uns dadurch von der Meinung „der Anderen" über unsere Art zu leben abhängig machen und beeinflussen lassen, wie wir unser Verhalten wahrnehmen, nein, es löst auch grundsätzlich die Idee der Privatsphäre als Raum, in dem wir uns eigenständig entwickeln, auf. Der geschützte Raum unserer Privatsphäre dient schließlich dazu, dass wir eine eigene Meinung bilden und auch zu dieser stehen. Was hilft es uns, wenn wir an dieser Stelle sagen:

Ich mache einfach das, was alle tun, weil es eben alle tun?

Der Schutz unserer Privatsphäre kann letztlich nur gelingen, wenn wir uns dazu entscheiden, etwas für uns zu tun - und unreflektiertes Nachäffen von dem „was alle machen" ist die Entscheidung, unsere eigene Entscheidungsmacht aus der Hand zu geben.

Besonders verschärft wird dies noch durch die Begründung „Aber die anderen machen es doch auch". Dieses Argument spricht deutlich aus, dass hier einfach keine Überlegung, warum ich mich überhaupt für etwas entschieden habe, stattgefunden hat, geschweige denn eine gewissenhafte Beschäftigung mit dem Für und Wider der Sache, an der ich aus reinem Herdentrieb heraus teilnehme.

Um es nochmals zu verdeutlichen: Der Schutz unserer Privatsphäre kann uns nur gelingen, wenn wir uns bewusst damit auseinandersetzen, was wir aus welchem Grund schützen wollen. Wenn wir nicht wissen, dass wir unsere Privatsphäre schützen wollen, weil wir eben diesen geschützten Raum für uns brauchen, oder wenn uns gar nicht klar ist, dass unsere Privatsphäre von außen gefährdet wird, dann riskieren wir damit unsere Freiheit.

Wir müssen uns mit diesem Thema auseinandersetzen, da es niemand für uns übernehmen kann.

Mir ist auch klar, dass es einfach und bequem ist, der Masse zu folgen. Es bedeutet stets eine Anstrengung, eine eigene Meinung zu haben und diese auch zu leben. Aber wenn wir unser eigenes Leben führen wollen, dann bleibt uns keine andere Wahl, als diese Anstrengung zu unternehmen. Die Alternative ist, eine Kopie zu sein. Hohl und ohne eigenes Gesicht. Eine Marionette im Spiel äußerer Kräfte.

Das kann auch ganz bequem sein, nur geben wir dann auch unsere eigenen Träume und Ideen auf und verwirklichen stattdessen nur noch die Gedanken und Ziele der Marionettenspieler.

8. Wie wir unsere Privatsphäre schützen können: die sieben Kardinaltugenden

„Jede Tugend ist die rechte Mitte zwischen zwei Lastern."
Aristoteles

Im vorherigen Kapitel habe ich düstere Bilder gezeichnet, wie wir unsere Privatsphäre gefährden und verletzen. Jedoch heißt es bereits im Vorwort, dass ich mit diesem Buch Mut machen will – deshalb – und um bei der Analogie der Todsünden zu bleiben – mache ich jetzt Mut, indem ich zeige, mit welchen einfachen Maßnahmen wir unsere Privatsphäre schützen können. Wir brauchen also nicht zu verzagen ob der negativen Auswirkungen der *sieben Todsünden der Privatsphäre*. Ebenso, wie die Kirche den Todsünden die Kardinaltugenden gegenüberstellt, stelle ich den Todsünden der Privatsphäre die *sieben Kardinaltugenden der Privatsphäre* gegenüber.

Wenn wir uns an diesen Ideen, diesen *Tugenden,* orientieren, dann schaffen wir eine stabile Grundlage, auf der wir ein freies, unmanipuliertes und eigenes Leben aufbauen können.

8.1 Mäßigung

*„Mäßigkeit setzt Genuß voraus, Enthaltsamkeit nicht.
Es gibt daher mehr enthaltsame Menschen als solche,
die mäßig sind."*
Georg Christoph Lichtenberg

Ist diese Tugend in der klassischen Bedeutung auf die
Selbstbeherrschung der Gefühle ausgerichtet – es stammt vom
lateinischen *temperentia* und *moderatio* her – so sehe ich die
Mäßigung als Kardinaltugend der Privatsphäre viel eher im
Zusammenhang mit unserer Freigiebigkeit hinsichtlich unserer
Daten.

Wir sollten uns bei dem, was wir über uns preisgeben, mäßigen
und beherrschen. Je mehr wir uns in Bezug auf unsere Daten
zurücknehmen, desto besser schützen wir unsere Privatsphäre.
Haben wir Daten aus der Hand gegeben, verlieren wir die
Kontrolle darüber. Die europäische Datenschutz-Grundverordnung
gibt mit dem *Recht auf Vergessenwerden* zwar dem einzelnen
Bürger eine Möglichkeit der Herrschaft über seine bereits
preisgegebenen Daten, allerdings hege ich Zweifel, dass es in
absehbarer Zeit eine realistische Möglichkeit geben wird, dieses
Recht auch erfolgreich durchzusetzen. Daher lautet an dieser Stelle
erneut meine dringende Empfehlung: Poste nicht alles über dich!

Sei dir gewahr, dass alle Datenpunkte, die du über dich hergibst, zu einem sehr genauen Profil von dir zusammengestellt werden können. Netzpolitik.org hat bei Facebook 98 unterschiedliche Datenpunkte ermittelt, die zu einem aussagekräftigen und sehr klaren Profil von dir beitragen.

Oft hilft es schon, bis zehn zu zählen, bevor du etwas postest. Schon dieser kurze Zeitraum genügt, um festzustellen, dass vieles unnötig ist, was wir „eben mal so" posten. Entweder ist es aus einer Laune entstanden – steht dann aber *für immer* im Netz – oder es ist schon wieder uninteressant – und steht dann trotzdem *für immer* im Netz.

Wenn wir uns der Tugend der Mäßigung anvertrauen, vermeiden wir, dass von uns selbst erzeugte Daten ins Internet fließen. Alles, was nicht da ist, kann nicht gefunden werden, und alles, was nicht gefunden werden kann, kann uns nicht schaden.

Bis jetzt haben wir nur über die Daten gesprochen, die wir *willentlich* abgeben. Ich habe hier die Daten, die ohne unser Zutun zum großen Profil über uns beitragen, noch gar nicht angesprochen. Dazu zählen die gesamten Metadaten, die immer anfallen, wenn wir etwas veröffentlichen. Wie z. B. Metadaten in einem Foto, die den genauen Ort, das Datum und die Uhrzeit der Aufnahme beinhalten. Oder Daten, die andere über uns – ganz ohne unser Zutun oder Wissen – über uns verbreiten.

Aber schon, wenn wir die einfach umzusetzende Mäßigung im Umgang mit unserem eigenen Datenverhalten als Maßstab anlegen, haben wir bereits sehr viel Privatsphäre und Freiheit gewonnen.

8.2 Klugheit

„Klug sein besteht zur Hälfte darin, zu wissen, was man nicht weiß."
Konfuzius

Die Tugend der Klugheit, im Lateinischen *prudentia*, ist ebenfalls eine der klassischen Tugenden. Die Klugheit[i], so lesen wir bei Wikipedia

„[...] ist die Fähigkeit zu angemessenem Handeln im konkreten Einzelfall unter Berücksichtigung aller für die Situation relevanten Faktoren, Handlungsziele und Einsichten, die der Handelnde kennen kann."

Dies ist eine Kompetenz, die wir direkt auf den Schutz unserer Privatsphäre anwenden können. Wir müssen uns mit den Möglichkeiten, die wir zum Schutz unserer Privatsphäre haben, auseinandersetzen. Wir müssen für konkrete Situationen lernen, wie wir handeln können. Wir sind aufgerufen, uns mit der Situation und den darin für uns bestehenden Möglichkeiten auseinanderzusetzen. Klugheit ist das krasse Gegenteil von

---

[i] https://de.wikipedia.org/w/index.php?title=Klugheit&oldid=159596507

unreflektiertem Handeln, bloß weil die technischen Möglichkeiten gegeben sind oder weil eine große Menge an Menschen es „eben so" macht. Klugheit fordert den Einzelnen auf, jede individuelle Situation zu bewerten und die aus dieser Situation entstehenden Handlungsziele auszuwählen.

Für unseren angestrebten Schutz der Privatsphäre bedeutet Klugheit, dass wir von Fall zu Fall abwägen müssen, wie wir handeln. Wollen wir unreflektiert an allem teilnehmen, was die Internetkonzerne uns an Bequemlichkeit vorsetzen - und dabei zunehmend unsere Privatsphäre zersetzen? Oder wollen wir mit wachem Blick die technischen Möglichkeiten kritisch bewerten und anschließend klug und situationsgerecht handeln?

Kluges Handeln geht stets mit einer längeren Entscheidungsfindung einher, was bei genauer Betrachtung ein weiterer positiver Effekt ist: Gehen wir langsamer voran, erleben wir auch mehr vom Weg.

Bedeutet jetzt Klugheit, dass wir nicht mehr an der Speerspitze der technologischen Entwicklung teilhaben können? Nein, aber Klugheit bedeutet, dass wir umsichtig und reflektiert an neuer Technologie teilhaben und diese auch kritisch begleiten. Es wäre sehr schade, wenn wir neue Entwicklungen nur den technophilen Jüngern überlassen, denn in diesem Fall geht die Entwicklung zu einseitig voran. Wenn wir jedoch mit Klugheit und kritischem

Blick an diesem Fortschritt mitarbeiten, dann können wir unseren
Einfluss auf den Schutz der Privatsphäre mit einbringen.

8.3 Freiheit

„Die Freiheit des Menschen liegt nicht darin, dass er
tun kann, was er will, sondern dass er nicht tun muß,
was er nicht will"
Jean-Jacques Rousseau

Freiheit oder *libertas* bezeichnet

„Unabhängigkeit von äußerem, innerem oder durch
Menschen oder Institutionen (Staat, Gesellschaft,
Kirche usw.) bedingtem Zwang [...]"[i]

Das ist genau der Zustand, den ich mit meinen Ideen, Gedanken
und Hinweisen erreichen will. Freiheit von Zwang. Die
Möglichkeit, frei zu wählen, wie ich leben will, ohne einem
äußeren oder inneren Zwang unterworfen zu sein. Dabei liegt mir
besonders an der Souveränität meiner Daten und meiner
Privatsphäre. Ich halte beides, die Freiheit von Zwang und die
Souveränität über das eigene Leben, für die wichtigsten
Grundlagen einer freien Gesellschaft.

Libertas als mythologische Personifikation der Freiheit deutet auch
noch auf einen weiteren wichtigen Aspekt hin. Vom lateinischen
Wort *libertas* stammt das Wort *libre*, welches im Englischen als

---

[i] Meyers Großes Taschenlexikon in 25 Bänden, 2001, Band 7, S. 192

Lehnwort aus dem Französischen und Spanischen einen Zustand von Freiheit beschreibt im Sinne von „Freiheit haben". Im Englischen wird *libre* verwendet, um zwischen Begrifflichkeiten wie *Frei*bier und Rede*freiheit* zu unterscheiden. So ist diese Unterscheidung am anschaulichsten von Richard Stallman in seiner Definition von freier Software ausgedrückt worden:

> *„Free software is a matter of liberty, not price. To understand the concept, you should think of free as in free speech, not as in free beer."*

Daraus folgt auch meine Empfehlung, wie wir diese Tugend für den Schutz unserer Privatsphäre umsetzen können: Nutzt freie Software. Und mit freier Software meine ich – besonders in Hinblick auf privatsphären-kritische Anwendungen wie Programmen zur Verschlüsselung – Open Source Software.

Meiner Ansicht nach ist Open Source, also quelloffene[i] Software, eine grundlegende Notwendigkeit für Anwendungen im kryptografischen Umfeld. Nicht, weil Open Source Software per se besser ist als proprietäre, also Closed Source[ii], Software. Sondern, weil nur hier die Möglichkeit gegeben ist, nachzuprüfen, wie die kryptografischen Algorithmen implementiert sind und dass auch tatsächlich keine Hintertür in der Software eingebaut wurde. Bei Closed Source haben wir nicht die Möglichkeit dazu und müssen uns

[i] Software, die im Quelltext verfügbar ist.
[ii] Software, die nicht im Quelltext verfügbar ist

bestenfalls auf die Beteuerungen der Softwarehersteller verlassen, dass ihre – möglicherweise ebenfalls proprietären – kryptografischen Algorithmen korrekt implementiert sind und ihre Software keine Hintertüren enthält.

Ein weiteres Element wirklich sicherer kryptografischer Protokolle ist weiterhin die Anwendung von *Kerckhoffs' Maxime*. Dieses 1883 von Auguste Kerckhoff formulierte Prinzip besagt, dass die Sicherheit eines Verschlüsselungsverfahrens lediglich auf der Geheimhaltung des Schlüssels beruht und nicht auf der Geheimhaltung des Verschlüsselungsverfahrens. Dieser kryptografische Grundsatz lässt sich nur bei quelloffenen kryptografischen Programmen durchsetzen. Proprietäre Systeme setzen auf das krasse Gegenteil, nämlich *security by obscurity*[i].

Wie sehen wir die Tugend der Freiheit im konkreten Bezug zum Schutz unserer Privatsphäre?

Wir können diesen Gedanken mit der existenzialistischen Idee der Freiheit von Jean-Paul Sartre zusammenfassen:

„Meine Freiheit ist begrenzt durch die Freiheit der Anderen."

Wir sind frei in unserer Privatsphäre, solange wir dadurch nicht die Freiheit und die Privatsphäre von anderen verletzen oder einschränken.

---

[i] Sicherheit durch Verschleierung

Die Freiheit, die ich mit meiner Arbeit zu verteidigen versuche, beschreibt auch Oscar Wilde sehr gut:

> *„Denn was der Mensch erstrebt hat, das ist in der Tat weder Schmerz noch Vergnügen, sondern einfach Leben. Der Mensch verlangt danach, intensiv, ganz und vollkommen zu leben. Wenn er das vermag, ohne auf andere Zwang auszuüben oder selbst Zwang zu erleiden und wenn ihn alle seine Arbeiten befriedigen, dann wird er geistig gesünder, stärker, zivilisierter und mehr er selbst sein. "*

Es geht im Wesentlichen darum, ohne Zwang zu leben. Das ist Freiheit und das ist, was ich verteidige.

8.4 Gerechtigkeit

> *„Man sollte nicht den Respekt vor dem Gesetz pflegen, sondern vor der Gerechtigkeit. "*
> *Henry David Thoreau*

Oder auch *gerechtes Handeln* ist eine der ritterlichen Tugenden und nutzt Iustitia als ihre Personifikation. Die Tugend der Gerechtigkeit bezeichnet das (ge)rechte Verhalten von Menschen untereinander und auch von Herrschenden gegenüber ihren Schutzbefohlenen und umgekehrt. Gerechtigkeit gilt als ein wesentliches Merkmal von Herrschaftsgrundlagen in allen Kulturen.

Was ich jedoch in meinem Ansinnen von digitaler Selbstverteidigung für grundlegend wichtiger halte, ist die Pflicht zum Widerstand gegen ungerechte Obrigkeit. Diese Pflicht ist der elementaren Grundlage der Gerechtigkeit, die jeder Herrschaft innewohnt, inhärent.

Stellen wir fest, dass sich die Herrschenden – besonders in einer Demokratie wie der unseren – nicht an Gerechtigkeit halten, zum Beispiel, indem sie die anlasslose und massenweise Überwachung ihrer gesamten Bevölkerung durchführen, dann haben wir als mündige Bürger das *Recht zum Widerstand*. Es wird uns in Artikel 20, Absatz 4 des Grundgesetzes gewährt:

> *„Gegen jeden, der es unternimmt, diese Ordnung zu beseitigen, haben alle Deutschen das Recht zum Widerstand, wenn andere Abhilfe nicht möglich ist."*

Das, was Henry David Thoreau, Jürgen Habermas und Mohandas Karamchand („Mahatma") Gandhi als zivilen Ungehorsam vor ungerechten Herrschaftsverhältnissen praktiziert haben, müssen wir heute in Form von *digitalem Ungehorsam* weiterführen. So wenig wie Thoreau die Sklavenhaltung und Gandhi die Unterdrückung durch eine Kolonialmacht hinnehmen konnten, ohne sich dagegen aufzulehnen, so wenig bin ich bereit, mich der zunehmenden digitalen Überwachung und fortschreitenden Einschränkung meiner Privatsphäre zu beugen, ohne etwas dagegen zu unternehmen. Diese Form von Auflehnung ist *digitaler Ungehorsam*. Diese abgewandelte Form des zivilen Ungehorsams können wir alle als *digitale Selbstverteidigung* durchführen.

Was bedeutet es nun für den Schutz der Privatsphäre, Gerechtigkeit als Tugend zu leben? Wir können uns an dieser Stelle an Immanuel Kant und dessen grundlegende Idee der Ethik, den kategorischen Imperativ, halten:

> *„Handle nur nach derjenigen Maxime, durch die du zugleich wollen kannst, dass sie ein allgemeines Gesetz werde. "*

Nutze dein Wissen über den Schutz deiner Privatsphäre so, dass du dich und deine Daten schützt und gleichfalls keinen anderen durch dein Handeln in seiner Privatsphäre schädigst. Wenn wir uns an diese Maxime halten, haben wir eine klare Leitlinie, wie wir digitale Kommunikation nutzen können.

8.5 Tapferkeit

> *„Nun ist das Vermögen und der überlegte Vorsatz, einem starken, aber ungerechten Gegner Widerstand zu tun, die Tapferkeit. "*
> *Immanuel Kant*

Die Tugend der Tapferkeit ist wiederum eine klassische Tugend, wie wir sie schon in der Antike bei Aischylos als eine der vier Haupttugenden finden. Ebenfalls in der Antike sieht auch Marcus

Tullius Cicero die Tapferkeit als eine der vier Haupttugenden an und ordnet dieser die Personifikation der *Fortitudo* zu.

Im Mittelalter wird die Tapferkeit von Thomas von Aquin als eine Kardinaltugend[i] definiert,

> *„[...] weil an ihr die anderen Tugenden befestigt sind wie die Tür an der Angel."*

Ebenfalls in der Aufklärung ist die Tapferkeit eine der vier Kardinaltugenden, die Johann Friedrich Herbart aufführt, und selbst in der Moderne wird die Tapferkeit noch – ganz im Sinne Thomas von Aquins – vom Philosophen Josef Pieper als eine Kardinaltugend ausgemacht.

Tapferkeit wird als die Fähigkeit bezeichnet, in schwierigen Situationen und trotz Niederlagen und Rückschlägen durchzuhalten.

Wenn wir unsere Privatsphäre verteidigen wollen, müssen wir bereit sein, durchzuhalten. Wir stehen einer breiten Front von Gegnern gegenüber, die über ein beachtliches Arsenal an Werkzeugen und große finanzielle Ressourcen verfügt, hoch organisiert und technisch wohl gerüstet ist. Aber es geht um unsere Freiheit und unsere Privatsphäre.

---

[i] https://de.wikipedia.org/w/index.php?title=Kardinaltugend&oldid=158971112

Diese Lage auszuhalten und durchzustehen, dabei hilft uns die Tugend der Tapferkeit. Weiterzumachen, auch wenn uns die technischen Hürden von Zeit zu Zeit hoch erscheinen. Durchzuhalten, auch wenn die Bequemlichkeit uns bisweilen verlockend erscheint. Dann hilft uns unsere Tapferkeit, uns daran zu erinnern, dass es um unsere Freiheit, um unsere Privatsphäre geht.

Tapferkeit im Zusammenhang mit digitaler Selbstverteidigung zeigt sich beispielsweise darin, dass wir uns dem Gruppenzwang widersetzen und eben *nicht* WhatsApp einsetzen, weil das alle tun. Tapferkeit ist – im Gegenteil zu Mut – eine andauernde Einstellung. Mut zu haben erfordert eine einmalige Willensanstrengung, Tapferkeit hingegen bedeutet, sich immer wieder und beständig Widerständen auszusetzen. Wir werden immer wieder in unserem Bestreben, unsere Privatsphäre zu schützen, vor ähnliche Herausforderungen gestellt, wie die Anfrage unserer Bekannten, warum wir denn nicht bei Facebook (oder dem nächsten heißen Scheiß in dem Thema) mitmachen. Wir werden immer wieder erklären müssen, warum wir unsere E-Mails verschlüsseln. Um diesen beständigen Prüfsteinen unserer Hartnäckigkeit erfolgreich zu begegnen, hilft uns Tapferkeit.

8.6 Weisheit

„Gesunder Menschenverstand in ungewöhnlichem Maße ist das, was die Welt Weisheit nennt."
Samuel Taylor Coleridge

Weisheit, *sapientia*, bezeichnet die Fähigkeit, tiefer greifende Vorgänge in Natur, Leben und Gesellschaft zu verstehen. Weiterhin bedeutet Weisheit, bei Problemen und Herausforderungen die sinnvollste und erfolgversprechendste Vorgehensweise zu erkennen – und auch anzuwenden.

Ein weiser Mensch ist durch seine geistige Beweglichkeit in der Situation, sowohl weise zu denken (im Sinne von: Eine weise Erkenntnis zu erlangen), weise zu reden (er ist in der Lage, einen weisen Rat zu geben) und auch weise zu handeln (er zeigt sich in seinem Verhalten als weise). Weisheit wird so stark wie keine andere nicht nur durch verschiedene Epochen, sondern auch durch viele unterschiedliche Kulturen als Tugend anerkannt und in ihrer Wichtigkeit herausgestellt.

So wird sie übrigens in der christlichen Mystik als eine der sieben Kardinaltugenden aufgeführt.

Ebenso wird Weisheit in östlichen spirituellen Lebenswegen wie Buddhismus, Hinduismus, Daoismus und Konfuzianismus als

wesentliches Merkmal dieser Lehren genannt. So sind die drei konfuzianischen Wege, um Weisheit zu erlangen:
- Nachdenken – der Edelste
- Nachahmen – der Einfachste
- Erfahrung – der Bitterste

Der Grundgedanke, dass Weisheit die grundlegende Fähigkeit ist, tief greifende Zusammenhänge in der Gesellschaft zu erkennen und entsprechend zu handeln, können wir direkt auf das grundlegende Ziel, den Schutz unserer Privatsphäre, anwenden.

Um unsere Privatsphäre dauerhaft und nachhaltig zu schützen, müssen wir verschiedene Sachverhalte verstehen:

Wir müssen lernen, auf welche Arten unsere Privatsphäre angegriffen und beschädigt wird und wie wir sie schützen und reparieren können.

Wir müssen verstehen, welche Motive die unterschiedlichen Interessensgruppen haben, unsere Privatsphäre zu schwächen.

Wir müssen uns aneignen, welche Werkzeuge wir auf welche Weise anwenden können, um unsere Privatsphäre zu stärken.

Wie können wir im Rahmen des Schutzes unserer Privatsphäre Weisheit erlangen?

Meine Empfehlung ist die konfuzianische Herangehensweise: Wir denken nach. Das bedeutet jedoch in einem komplexen und umfangreichen Thema wie Schutz der Privatsphäre einiges an zeitlichem Aufwand. Ich habe fünf Jahre Informatik studiert, mit einem Schwerpunkt auf Kryptografie. Weiterhin habe ich mich in den vergangenen 15 Jahren konstant mit den Themen Datensicherheit, Privatsphäre und Freiheit beschäftigt. Ich bin mir sicher, dass meine Erkenntnisse schneller erworben werden können, aber aus dem Nichts tauchen sie auch nicht auf.

Eine weitere Möglichkeit ist, vorgelebtes Verhalten nachzuahmen. Das ist recht einfach, viele Leute, die sich mit dem Thema beschäftigen, geben ihren Erfahrungsschatz gern weiter. Das als Grundlage zu nehmen, macht den Einstieg in eine stabile und sichere Privatsphäre deutlich einfacher. Nachahmenswert sind zum Beispiel die Tipps die Martin Hellweg in seinem Buch *Safe Surfer - 52 Tipps zum Schutz Ihrer Privatsphäre im digitalen Zeitalter* gibt. Ein weiterer Ansatzpunkt ist der *Kuketz-Blog*[i]. In diesem gibt Mike Kuketz praktikabel umsetzbare Tipps zu den Themen IT-Sicherheit und Datenschutz.

Als letzte Möglichkeit wird das Lernen durch Erfahrung genannt, der schmerzhafteste Weg zur Weisheit. Auch diesen habe ich beschritten. Dieser Weg ist eindeutig der Nachhaltigste, aber er muss nicht der Weg für jeden sein. Wir müssen – mehr oder minder – alle in der einen oder anderen Form mit der

---

[i] https://www.kuketz-blog.de/

Digitalisierung unserer Gesellschaft umgehen und arbeiten. Aber nur wenige haben die Zeit, die Geduld oder das unbedingte Interesse, sich so intensiv wie ich mit allen Schatten- und Lichtseiten dieser Materie zu beschäftigen.

Das Leben besteht aus deutlich mehr als aus der Sicherung unserer Privatsphäre – es ist sinnvoller, wenn einige ihr Wissen weitergeben, als dass jeder denselben steinigen Weg beschreitet.

8.7 Sparsamkeit

> *„Eine richtige Sparsamkeit vergißt nie, dass nicht immer gespart werden kann; wer immer sparen will, der ist verloren, auch moralisch."*
> *Theodor Fontane*

Die Sparsamkeit ist eine der bürgerlichen Tugenden und bezeichnet ursprünglich den maßvollen Umgang mit wirtschaftlichen Gütern und Geld. Doch lässt sich dieses tugendhafte Vorgehen vorzüglich auf die Rahmenbedingungen unserer digitalisierten Welt übertragen. Wenn Daten das neue Gold sind, so ist die Tugend der Datensparsamkeit jetzt eine der Tugenden der digitalen Bürgerlichkeit.

Darum ist an dieser Stelle der beste Schritt, um tugendhaft zu handeln, dass wir stets hinterfragen, wofür ein Dienst, den wir im Internet nutzen, unsere Daten braucht. Je sparsamer wir mit unseren Daten umgehen, desto weniger Angriffsfläche bieten wir.

Daten können immer missbraucht werden. Kein System ist sicher und über Daten, die einmal aus unserer Hand sind, haben wir keine Kontrolle mehr.

9. I'm Not Gonna Take It Anymore!

„Am Ende wird alles Gut.
Und wenn es nicht gut, ist es nicht das Ende. "
Oscar Wilde

Schon lange bin ich an dem Punkt angelangt, an dem mir der Titel *We're Not Gonna Take It* von Twisted Sister immer stärker zur extrinsischen Motivation meiner Arbeit wird. Je öfter und mehr ich über die blöden, ärgerlichen und gefährlichen Auswirkungen der immer stärker eingeschränkten Privatsphäre lese oder höre, umso klarer wird mir: I'm Not Gonna Take It Anymore.

Ich stelle fest, dass ich es nicht mehr tatenlos hinnehme, wie wir in unserer Freiheit beschränkt werden. Ich bin nicht mehr bereit, jeden dummen (und auch nicht die klugen) Manipulationsversuch unkommentiert über mich ergehen zu lassen. Für mich ist Schluss damit, die immer stärker ausufernde Überwachung wutlos zuzulassen. Ich habe Möglichkeiten, Mittel und Mut, etwas dagegen zu unternehmen, und das will ich anderen Menschen mitteilen und meine Kenntnisse weitergeben.

Ich bin davon überzeugt, dass der Schutz unserer Freiheit niemals dadurch erreicht werden kann, dass sie uns immer mehr genommen wird. Denn genau das ist die Beschränkung unserer Privatsphäre: Einschränkung unserer Freiheit.

Es darf nicht das Ziel technischer Entwicklung sein, unsere Bequemlichkeit auf Kosten unserer Daten, unserer tiefsten Geheimnisse, zu erkaufen. Auch der Tausch von Sicherheit gegen Individualität, gegen privates Leben, darf nicht stattfinden. Sicherheit darf nicht durch eine Einschränkung der Freiheit erkauft werden, denn dann bleibt uns nur noch die Illusion von Freiheit.

Wenn wir nur noch durch Maschinen vorbestimmt auswählen, wo bleibt dann unsere eigene Meinung, unsere eigene Entscheidung? Das Leben wird nicht einfacher, wenn wir eine computergenerierte Vorauswahl bekommen - es wird lediglich eintöniger.

Freiheit, auch die Freiheit, Fehler zu machen, ist nur im Rahmen einer intakten Privatsphäre möglich. Nur dort, wo wir nicht im virtuellen Labor der Datensammler sind, können wir uns frei entwickeln.

Am Anfang dieses Buches habe ich die Frage in den Raum gestellt, warum ich mich mit dem Thema Schutz der Privatsphäre beschäftige. Ich hoffe, dass du, geneigter Leser, am Ende dieses Buches jetzt einen Eindruck davon erhalten hast, warum ich es tue.

Es ist meine Berufung.

Ich habe mir die Kenntnisse erarbeitet, mit denen ich Menschen einen besseren Schutz ihrer Privatsphäre ermöglichen kann. Ich habe den Willen, mein Wissen in diesem Themengebiet zu erweitern. Ich habe das Talent, Menschen meine Ideen zu vermitteln. Und ich habe die Musik, um mich aufzubauen, wenn mir mal die Kraft ausgeht.

Deswegen: I'm Not Gonna Take It Anymore!

Die Wut über die zunehmende Einschränkung unserer Privatsphäre durch die Politik, der Ärger über die wachsende Datensammelwut der Internetkonzerne, die Fassungslosigkeit über die immer umfassendere Manipulation durch angeblich wohlmeinende Datenkraken – All dies gibt mir Kraft, um weiter gegen Überwachung, Einschränkung unserer Freiheit, Kontrolle und Bevormundung anzugehen.

Du, lieber Leser, fängst jetzt erst an: Du beginnst zu verstehen, welchen Einfluss die Digitalisierung mit all ihren Wundern und Schattenseiten auf uns ausübt, und du lernst, welchen Einfluss wir auf diese Entwicklung haben und wie wir ihn geltend machen können.

Wir müssen gemeinsam diesen Einfluss in jeder uns möglichen Form ausüben.

Am besten und erfolgreichsten fangen wir dabei bei uns selbst und den Menschen in unserem direkten Umfeld an, denn bei uns zeitigen wir den wirkungsvollsten Erfolg.

Denk immer daran: Die Gedanken sind frei!

10. Dank

„Nur freie Menschen sind einander wahrhaft dankbar."
Baruch de Spinoza

Meiner Muse Johanna gebührt meine tiefe Dankbarkeit. Sie inspiriert mich. In stundenlangen Gesprächen erträgt sie geduldig mein Lamentieren über den Niedergang der westlichen Kultur.

Ich danke meinen Eltern Hilde und Volker. Sie unterstützen mich in meinem Kampf gegen die Windmühlen-Parks der Privatsphären-Einschränkung.

Ich danke meinem Bruder Jörg. Er ist der beste Sparring-Partner, den ein kleiner Bruder verdient.

Meinem Kumpel Mitch. Keiner rantet eloquenter als er.

Ich danke Ingo. Trockene Kommentare und scharfe Chips würzten die Entstehung des Buches.

Ich danke Bernhard. Ein Physiker, der meine Tipps testet. Besseres widerfährt einem schwerlich!

Dank gilt meiner Lektorin Simona. Sie goss meine Gedanken in weniger verworrene Worte.

Ich bedanke mich bei Micha. Sie folgt mit bemerkenswertem Staunen meinen Weg zum Manufakturisten für digitale Selbstverteidigung aus der Ferne begleitet.

Conny gebührt Dank. Ihre Postkarten sind der Prototyp der Briefkarte-Freundschaft. In mir schlummert die Hoffnung, dass wir damit eine Renaissance der analogen Kultur von Brieffreundschaften.

Martin Hellweg gehört meine Dankbarkeit für beständigen Support, konstruktive Kritik und guten Ideen.

Dank geht an Mike Kuketz für seine exzellente Arbeit zum Schutz der Privatsphäre. Von ihm können wir technisch viel Wertvolles lernen.

Ich danke Dominik Tuminello für sein großartiges Cover-Design.

Meine Hochachtumg dem Selbstbestimmt.Digital e. V.: Ihr widmet euch einem bedeutsamen Gebiet.

Mit Alessandro Amoroso, meinem Lieblingsfigaro, findet regelmäßig der Reality-Check zum Thema Social Media statt - dafür ganz herzlichen Dank.

Literatur

Alexander Markowetz, Digitaler Burnout, Droemer, (2015)

David Holmgren, Permaculture: Principles & Pathways Beyond Sustainability, Holmgren Design Services, (2002)

Europäisches Parlament und Rat der Europäischen Union, Datenschutz-Grundverordnung, https://www.datenschutz-grundverordnung.eu/wp-content/uploads/2016/05/CELEX_32016R0679_DE_TXT.pdf, (2016)

Jaron Lanier, Wem gehört die Zukunft?, Hoffmann und Campe, (2014)

Martin Hellweg, Safe Surfer - 52 Tipps zum Schutz Ihrer Privatsphäre im digitalen Zeitalter, Econ, (2014)

Oscar Wilde, Sämtliche Werke in zehn Bänden, Bd. 7: Essays II, Insel Verlag, (1982)

Rolf Dobelli, Die Kunst des klaren Denkens, Hanser Verlag, (2011)

Samuel D. Warren, Louis D. Brandeis, The Right to Privacy, https://groups.csail.mit.edu/mac/classes/6.805/articles/privacy/Privacy_brand_warr2.html, (1890)

Tom Hodgkinson, How To Be Free, Penguin, (2006)

Wikipedia, Die freie Enzyklopädie,
Post-Privacy,
https://de.wikipedia.org/w/index.php?title=Post-Privacy,
(29. März 2016, 22:13 UTC)

Bildschirmtext,
https://de.wikipedia.org/w/index.php?title=Bildschirmtext,
(3. November 2016, 17:05 UTC)

Yvonne Hofstetter, Sie wissen alles, C. Bertelsmann Verlag,
München, 5. Auflage (2014)

www.ingramcontent.com/pod-product-compliance
Lightning Source LLC
LaVergne TN
LVHW022346060326
832902LV00022B/4268